U0785603

汉 语 知 识 丛 书

汉 字

陈治文 著

商務印書館
创于1897 The Commercial Press

图书在版编目(CIP)数据

汉字/陈治文著.—北京：商务印书馆，2013(2022.8 重印)
(汉语知识丛书)
ISBN 978-7-100-09962-2

Ⅰ. ①汉… Ⅱ. ①陈… Ⅲ. ①汉字—研究 Ⅳ. ①H12

中国版本图书馆 CIP 数据核字(2013)第 102607 号

权利保留，侵权必究。

汉 语 知 识 丛 书
HÀNZÌ
汉　字
陈治文

商 务 印 书 馆 出 版
(北京王府井大街 36 号　邮政编码 100710)
商 务 印 书 馆 发 行
北京虎彩文化传播有限公司印刷
ISBN 978-7-100-09962-2

2013 年 10 月第 1 版　　开本 787×1092　1/32
2022 年 8 月北京第 2 次印刷　　印张 5⅝

定价：35.00 元

目　　录

第一章　开头的话

汉字和它的名称

这本书的名字叫“汉字”，讲的是关于汉字的一些基本知识。什么样的字是汉字呢？现在你看着的这些字就是汉字。这个样子的字，不就是平常咱们说的字吗。比方说，“这些字我都认识，并且我也会写这些字”，还没听谁说“我认识这些汉字，我也会写这些汉字”的。对啊，是这样。那么为什么要用汉字这个名称来指称这个样子的字呢？

世界上有很多种不同种类的字，光是咱们中国就有好些种文字。为了把像现在咱们看着的这种样子的字跟其他种类的字区别开来，就不能笼而统之管这样的字只叫字了。这叫字，那也叫字，就分别不开了。为了分别，于是就起了汉字这么一个名称。拿 1980 版一角的人民币看背面印着国徽的那一面，在纸币最底下有几行种类不同的文字：左起两行是蒙古族文字，第三第四两行是藏族文字，第五第六两行是维吾尔族文字，末两行是壮族文字；把这张纸币翻过来看：“中国人民银行”和“壹角”是汉族文字，也就是汉字。这些都是字，如果没有不同的名称，说起来就不明确。在不会发生误会的情况下，不需要跟别种文字区别的时候，像前面举例说的那样，单说字自然是可以的，而且说起来听起来都很自然。反过来，如果咱们说“这个汉字我认识，我不认识那个汉字”，倒反而不自然，像是别的民族的人说的话了。

过去有人把汉字叫做中国字，这不妥当。咱们中国是个多民族的国家，有些兄弟民族各自有本民族自己的文字，汉字和国内各民族文字同样都是中国字，汉字只不过是中国字里的一种，把汉字和中国字等同起来当然就不正确了。跟兄弟民族的文字比较起来，汉字的历史最长、通行的地方和使用的范围也最广，因此，习惯上就用汉字作为中国字的代表。一个外国人说“我写不好中国字”，他就是拿汉字代表中国字的。

细心的读者大概会发现以上讲的那些话里，有的地方用的是“字”，比方说“汉字”，有的地方用的是“文字”，比方说“汉族文字”。是不是字和文字有什么不同呢？现在这两个名称并没有意义上的区别（文字也可以指“文章”等，那是另外的问题），只是因为使用的地方不同，随着语言习惯，或者用“字”或者用“文字”，比方大家都说“少数民族文字”“文字改革”，没有说成“少数民族字”“字改革”的；反过来，大家都说“汉字”“写字”“字形”，却没有说成“汉文字”“写文字”“文字形”的。“汉字”跟“汉族文字”以及“字形”跟“文字形体”，这两对各自之间的含义一样，只不过说法不同就是了。

按照我国古代学者的说法来讲的话，文是文，字是字，文跟字是有区别的：“独体为文，合体为字”。独体的意思就是一个不可分析的单一的形体，例如：“人、木、水”是文；合体的意思就是两个或者更多个独体结合起来的形体，例如：“从、众、林、森、淼、休、沐”是字。咱们现在说“人”是一撇一捺两笔组合成的，“木”是由一横一竖一撇一捺四笔组合成的，不是可分析的吗？这是就楷书说的，为了教学需要所采取的办法；古代人讲的“独体为文”是按当时通行的古代文字说的，不是指笔画分析说的。（人）像侧面立着的人，（木）树的样子，（水）像在江河里流动的液体，都是不可分析的独体，是文不是字。文和字连在一起成为“文字”这个词，是到了秦朝才开始出现的。现在在某些词语里也有用“文”指“文字”的，例如“甲骨文、藏文、英文”。

在古代，文字有叫“名”的，例如：《论语·子路》：“必也正名乎！”汉朝的学者郑玄注解“名”字时说：“正名谓正书字也，古者曰名，今世曰字。”（改正名是说改正写的字，古代叫名，现在叫字。）《仪礼·聘礼》：“百名以上书于策，不及百名书于方。”（一百个名以上写在竹简上，不到一百个名写在木板上。）郑玄注解说：“名，书文也。今谓之字。”（名是写的文，现在管它叫字。）文字也可以叫“书”，例如：《吕氏春秋·君守》：“奚仲作车，仓颉作书。”《韩非子·五蠹》里也说过仓颉作书的话，“作书”就是“造字”，现在也还有仓颉造字的说法。

文字的用途

你在上小学之前可能就学认字了，说不定还学着写字呢。到如今你跟文字打交道已经有不少年了。不知道你考虑过没有，文字是做什么用的？文字是用来记录语言的。你跟同学在一起学习，碰到一个问题向他请教。把他了解的讲给你听。你怕忘了，也许一边听一边把他讲的写下来；或者听完之后再写到本子上，这就是用文字记录语言。在日常生活中，很多地方都在使用文字，不仅是学生记笔记才用它。说的话是一串表示意义的声音，是有声语言，通过语音把意思传播出去，可是语音一边传出来跟着也就一边消失掉。只凭脑子记人家所说的话，记得不可能很多很多，也不可能记得很久很久。最省事的办法就是用文字把别人说的记录下来，让声音语言成为文字语言，或者说使口头语言变成书面语言，这样不但能记得多而且还可以传下去记得十分久远。另外，说话的声音即使大得不能再大了，在自然条件之下，能传出去的距离总是非常有限的，离得远了根本就听不见。如果要把说的话传到远处去，最方便的办法也莫过于把话写下来比方写信，传递给对方。

也许有人会说，用录音机把说的话记录下来，不是比用笔写更准确更省事吗？打电话不是比写信更快更直接吗？是的，你说得不错，不过它们也有比不上文字的地方。比方上课录老师讲的话，不要说一个学期或者一个月，就是一个星期要用多少盘录音带？怎么区别不同课程不同日期的录音？如果时间长了，要听某一节课讲的内容，那盘录音带可就不容易找了，一盘一盘从头放了听？再说打电话找张三，电话虽然打通了，可是他出差了，没法通话；过两天再打，他还没回来，还是通不了话。这只是给一个人打电话，如果学校要开各班学生的家长会，是给各位家长打电话方便，还是发书面通知方便？现在录音机、录音带和电话设备还没有发展到想利用它们就可以随时随地利用的地步，就算将来可以普及到每个人了，光使用它们还是不行，那时候还得使用文字。比方机关、学校、工厂、商店……在门前挂上一块写着名称的牌子，人们一看就知道这是什么单位，那是哪个部门了。如果去掉牌子，成天在各自的门前放录音，那将会是一种什么样的情景呢？到处都是嗡嗡的响声，多吵闹啊。每条街、每个胡同、每座楼、每门每户都不用文字标记，处处都是播放录音的声音，成天成夜响成一片，人们谁能受得了啊。另外，有些事情也必须要有文字记载才行，像法令、条约、合同、规定、公告、证件等等，白纸黑字，有凭有据；有的还要加上签名或者盖上印章呢。再说，过去一切用文字记录的资料，也不可能全部把它们变成录音材料。你要看吗，那你就得学习掌握文字。总而言之，空口无凭，录音播音和电话代替不了文字，文字永远是具有生命力的。

符号和文字

老师在学生的作业上画的×表示“错”的意思。交通部门在路边立的黄色牌子画上个黑色的形符号，这表示前方是弯路，提醒驾驶车辆的人注意。包装箱外面的⇧，表示上面是顶部，要求这个箱子放的时候必须顶部向上，不要颠倒着或躺着放。这些符号就像说话似的分别表达了一个意思，它们不是也记录了语言了吗？它们是不是文字呢？类似这类符号都只不过是符号而已，不是文字。比方×在老师给学生批作业时表示“错”这个意思，看到×这个符号，说“错”说“不对”都可以，说“不正确”也行，×能像个汉字那样念出它的音来吗？不能。×虽然可以表示“错”“不对”“不正确”这样的意思，但是它不能当字用，不能组词造句，比方“不错”“错不了”“错上加错”不能写成“不×”“×不了”“×上加×”；“说得不对”“时间不对”“不对劲儿”也不能写成“说得×”“时间×”“×劲儿”；“方法不正确”“不正确的思想”同样不能写成“方法×”“×的思想”。另外，×在学生的作业上试卷上用的时候才表示“错”的意思。要是×用在文字中间，例如：“××局的赵××和钱×”“今拾到×××元，请来认领”，其中的×表示有意不说出来，对××局和赵××钱×，不点他们的名；×××元的数目要保密，以免冒领，失主是会说对了×××代表的数目的。在别的场合，×还可以表示旁的意思，就不必多举例了。文字就不是这样了，不能这么灵活。其实，文字的实质也是一种符号，专门记录语言的、成系统的一整套符号。它是大家公认了的，有共同认识的，谁都可以使用的。

文字和语言

文字既然是记录语言的，是不是有了语言同时就有了记录它的文字呢？不是这样。语言远在若干万年之前就已经产生了，可是文字的产生却要晚得多。现在知道的最古老的文字也不过只有几千年的历史。各个民族都有各自的语言，是不是每个民族都有自己的文字呢？不是的。有的民族到现在还没有自己本民族的文字，例如咱们国内的赫哲族、东乡族、崩龙族、高山族等少数兄弟民族就还没有记录他们本民族语言的民族文字。但是，有些民族的语言虽然已经消失了，可是却留下了原来记录他们民族语言的民族文字，例如咱们中国的契丹国书、西夏文等。这类文字已经很久没有人使用了，现在只有专门研究它们的少数学者才认识。另外还有一种情形：某一种语言虽然一直流传到现在，但是过去记录这种语言的文字在历史上曾经发生过很大的变动，现在使用的文字跟变动之前的文字看不出其间一脉相承的关系，那套古老的文字早就没有人使用了，可以说是一种死了的文字。它们经过许多人先后用了很长的时间，才弄明白了，现在也只有少数专家才认识它们，例如古埃及文字就是这样的。

文字是怎么来的

文字是怎么产生的？从前有过不同的说法。现在大家都认识到文字是从图画演变发展成的。比如古代人想记住他捉到了多少条鱼，可能就在他认为合适的地方照鱼的样子画上多少条；如果捉到了鸟，那么就画鸟；捉到了鹿，就画鹿。捉到的是什么，就把它的样子画下来，只要他们愿意把捉到的东西记载下来。捕捉用的工具，比方是网或者是弓和箭，那也可以照它们的样子画出来。要表示白昼，可以用太阳的形象表示，画个圆形再对着圆周四围画些竖线；现在小朋友不也是常常这样画了表示太阳嘛。要表示夜晚，就用月亮的形象表示，画满月是个圆，容易跟别的什么分不清，于是就画个弧形的样子表示月牙儿；现在还有用这种表示方法的。在有文字的今天，碰到有的字不会写，而不会写的正好是有形可画的，人们往往就画一下子。比方电影《李双双》里的李双双给喜旺留条子，"钥匙"这两个字不会写，就画了个钥匙的图形来代替，喜旺以至别人自然都明白这个图形表示的是什么。古代还没有文字的时候，就类似这样画图画记事情。不论是鱼呀鸟啊还是鹿哇羊啊牛哇什么的，画起来都挺费劲；要是一回捉到的数量很多，要重复画很多个鱼或者鸟以及其他的图形，画着画着会觉得这样画下去实在太麻烦。画来画去，在这种画的劳动过程中逐渐想出了好办法：画一个捉到的东西的图画，并在它的下头或者旁边画道子，捉到多少就画多少个道子，这可比重复画图像省事多了。时间长了，积累的道子多了，一道一道数起来又会感到不方便，画着画着就又创造出画道子的新办法。比方最初是一个横道一个横道画下去的，后来画到第五位的时候就不画横道而画个竖道（或者别的样子的道子）。这样，一看见竖道就知道是第五个了，一五、二五、三五……这样统计起来比一道一道数下去方便了许多。给五创造新符号，大概是受了一只手上有五个指头的启示。如果是这样的话，那就再伸出另一只手来，指头共计有十个，于是又进一步在逢十的地方画一个新符号。它也许是两个道子交叉的样子，也许是把代表十的符号重复一个。什么样子并没有多大关系，只要能跟表示一和表示十的符号有区别就行了。这样一十、二十、三十……计算起就更省事了。日久天长又在道子的长短上、道子和道子的组合方式上创造新符号来代表一、五、十之外的数目，使记数和计算越来越方便。不论它们的样式如何，都是符号而不是图画，这比重复画图形来计算数目前进了一大步。现在咱们选举开票的时候，在被选人的姓名之下不也是画道子记数吗。有些意思比较抽象，画一个单独的图像表达不了，就把两个三个甚至更多的图和图或者图和符号组合在一起表示。比方画了一只鸟，再在鸟的旁边画一只手，手抓住了鸟，表示“捕捉”或者“获得”这样的意思。要表示“射”这个意思的话，那就画一张弓，在弓的中间再画一只箭，或者还在箭的后头加画一只手。想表示“上头”的意思，画一根横线作为一个标准，在这根横线之上画个点或者画一根短线指明它是处在标准线之上的部位。如果把点或者短线画在标准线之下，那就表示“下头”的意思了。现在有的医院、学校或者某个单位附近的路口，立个圆牌子，牌子上画着一个喇叭，同时在它身上加着一条粗粗的红色斜线，表示这里不允许机动车鸣笛，也是图画加符号表示意思。古代画图画画符号记事情的过程是相当长的。它们的发展，随着人们文明智慧的逐渐提高，一步一步向前迈进。

古代的人们最初画那些图画都是为了记录跟他们劳动有关的事情。不同样子的图画也绝非一朝一夕创造出来的，而是一个一个慢慢积累起来的，从简单的到复杂的，从具体的到抽象的，一步一步提高。像前头讲的画道子画符号表示数目，就比重复画图表示数量要进步得多了；几个画或者画和符号或者符号和符号组合在一起表示一个意思，这就比单纯的图画或者单独的符号表示意思更加高明了。这些当然不可能是短时间内哪一个人的发明创造，而是众人的智慧，集体长久的创造。

在图画和符号一代一代流传的过程中，自然会增加新的，但是同时也会对旧有的进行修改，因为其中有的画起来很费事。对一些无关紧要可有可无的部分干脆就省略，能够简化的就不必那么细致描画，只要所画出来的形象能看得出是要表示的事物就行了，这样，画的时候就可以省不少事。当人们看到别人所画的图画和符号都不约而同地能说出它们所表示的意思，同时，在自己要表示某个意思也按着既有的现成图画和符号的样式去画，达到这种地步的时候，应该说那些图画和符号已经取得了文字的资格了。这个过程要经历很长很长的岁月，成千上万年是少不了的。咱们现在看古代文字，其中有的形象一看就可以看得出来像什么，就跟简笔画儿似的，这正是文字从图画演变发展而来的最好的证明。

汉字来源的传说

关于汉字的来源，在过去有几种流传的说法：

1. 很古的时候，用结绳的办法，也就是在绳子上打结的办法帮助记事情，大事打大结，小事打小结。有了文字记事，自然就用不着再用结绳的办法了，因此就有人认为文字是从那些大大小小的绳子结发展来的。结绳帮助记事是可能的，如果说文字是从结绳发展而来就不可信了，一些大小不同或者形状多样的绳子疙瘩跟不同形体的文字怎么联系得上呢。

2. 有人认为汉字是从八卦演变来的。这种说法也不正确。八卦的样子是：☰☷☲☵☱☴☳☶，它们不过是由⚊和⚋排列成的八种符号，可是过去却有人说它们是“天、地、火、水、泽、风、雷、山”的古文。在已经见到的古文字里，没有哪一种形体的“天”字像☰，也没有哪一种形体的“地”字跟☷的样子相似，另外那六卦的样子跟古文字也全对不上号。其中的☵说是“水”字，倒好像有些联系似的，因为有个时期“水”字有写成≋的，作为一个字里的组成部分的“水”确也有写成≋的。但是这只不过是一种偶然的巧合罢了，因为≋或者≋并不是“水”字的古老的写法，所以八卦里的☵并不是“水”字的古文。

3. 还有一种说法，是黄河里出现的龟带来了文字，把它交给了轩辕黄帝。这是地道的神话，自然是没影儿的事。

4. 传说很古很古的时代有一个叫做仓颉的人造出了文

字。有的说仓颉有四只眼睛，有的说他造字的时候像下雨那样子从天上落下粟子来、鬼在夜里哭。这就完全是神话了。是不是真有仓颉这个人，还是问题，姑且不去说他。就算有，文字也绝对不可能是他一个人造出来的。如果历史上确实有过一个仓颉，假定他曾经做过整理文字的工作，那倒是可能的。也许因为这层关系，后代的人就误认为文字是他一手造出来的，进一步又添油加醋加上四只眼之类的无稽之谈。

汉字的使用和影响

汉字是世界上最古老的文字之中的一种。目前我们看到的距离现在三千多年商朝后半期使用的文字是大家公认的最早的汉字。这个时期的汉字已经成长得相当成熟了，一定有比它更古老的汉字，说不定哪一天会从出土的古代文物上发现。在新石器时代的陶器上，有的刻着一些标记、符号，其中有的虽然可以跟商朝文字对照，很像原始文字，但是现在人们还没有确认这些标记符号就是文字。

现在咱们使用的汉字跟商朝使用的一脉相承，虽然历时三千多年，字体经过几次变化，有不少字的面貌变化比较大，不分析研究不容易看出相承的关系，但是也有一些字的形体变动得不很大，跟古代的形体很容易对得上号。汉字一直延续不断使用了几千年，在这一点上，其他任何一种文字都不能跟汉字相比，真是盖世无双。

中国许许多多的文化遗产用汉字记载下来，大量的文献资料流传到今天，使咱们对祖国的历史文明了解得相当清楚，这是汉字在历史上的贡献。现在汉字还在继续发挥它的作用，咱们还在使用汉字记录着今天的一切，咱们之间的思想交流以及跟国外的交际往来，很多地方都离不了汉字；为了要让后代的子子孙孙认识今天，许多事物也要用汉字记载下来。

中国的邻邦朝鲜、日本、越南，都曾经借用过汉字。现在，日本还规定了 1000 多个汉字和它们的假名同时使用；而且还有他们自己造的汉字样式的日本字，例如："畑、辻、麿"等，看上去像是汉字，其实并非汉字。他们的片假名是用汉字楷书的偏旁造出来的，平假名就干脆利用汉字的草书。越南也曾经模仿汉字的形式造过越南字，例如："歪、霎"等。

汉字的一些特点

每一个汉字都有它一定的形体（也就是字形）、读音（也就是字音）和意义（也就是字义）；极少数的字独自一个不能表义，而要跟和它相关的另一个字组合在一起才有意义，例如："萄、蝴、玻"等，这是极少数的例外。汉字的字形字音字义是合而为一的，是形音义的结合体。汉语里同音的词比较多，在说话的时候因为有一定的语言环境，听的人很少发生误会。在写的时候呢，虽然字音相同，但是因为字形不一样，也就把意义分别出来了。比方"重庆"和四川省的"崇庆"这两个地名单说的时候不容易分辨。为了区别，就解释一下是哪个 chóng，比方说"重叠的重""崇拜的崇"；或者说"撇头的重""山头的崇"。咱们常常会碰到的是姓氏同音的区分，例如姓 zhāng，如果是"张"，就说"弓长张"；是"章"，就说"立早章"；姓 yú，常见的有四个："干钩于""人未余""人则俞""虎头下面一个口天吴的虞"。说是这样说，其实就跟写差不多了，只不过没有实际写出来给人看就是了。尤其是“虞”字下面的“口天吴”更是字中套字。“人则俞”是大概的说法，如果真写成“俞”就是个错字了。咱们还可以举一句话做例子：“这 bù 好。”你明白说的人是什么意思吗？就算是在挑选衣服这个环境中，他是说“这布好”呢，还是“这不好”？如果是挑选书，是“这部好”呢，还是“这不好”？如果是下象棋，是“这步好”呢，还是“这不好”？这里只不过是举例，在实际生活中说的时候自然有避免误解的办法，比方换个说法，例如：“这料子好”“这书好”“这步走得好”就行了。可是像上面那样写出来，因为不同形的字区别相同的音，一看就很清楚，完全不必考虑改换说法。

现在如果广东人、山西人、福建人、浙江人、湖南人聚到一起各说各的家乡话，十有八九谁也听不懂谁说的；有些省即便是同省人，比方江苏的徐州人和苏州人；福建的福州人和漳州人；广东的潮州人和广州人，彼此之间交谈起来也觉得困难重重。如果把自己说的意思写出来进行笔谈，大家一看就懂，不论是哪个省区哪个县市。各地的地方话叫做“方言”，汉字是超方言的。也就是说，一个汉字可以按各方言读音习惯去读，各地读音会出现很大的差别。甲地的人听不懂或者听差了乙地的人所读的那个字，但是大家对写出来的字，对字义的理解是不会产生分歧的。咱们广播电台用普通话播送的节目，台湾和港澳同胞以及海外华侨大概有一部分人听不懂，可是《人民日报》大约都能看得懂。

随着时间的推移，同一个民族同一个地点的古代人说话的声音（语音）和现代人说话的声音是有很大差别的。假设两三千年前已经有了现在的录音设备，那个时候的人说的或者念的录音材料完整地保留了下来，今天播放出来的话，肯定咱们听不懂。但是商朝人刻在乌龟壳儿和牛骨头上的和周朝人铸在或者刻在铜器上的以及秦朝人写在竹简上或者刻在石头上的文字材料，尽管字体有不少变化而且有的字现在还没认出来，但是现在咱们还是能基本上都看得懂，知道是什么意思。在读的时候，自然完全是按照今天的读音，谁也不考虑当时是怎么个读法（专门研究古代语音那是另一回事）。秦朝以后的文字材料也是这种情形，就不多说了。

用传统的毛笔练习写汉字，讲究写的艺术效果叫做书法。字写得十分有功力同时又非常有特色的人称为书法家，我国历代都出现过不止一名两名公认的著名的书法家。书法作为一门艺术，在我国很早就跟绘画并驾齐驱，有“书画同源”的说法。书法家的墨迹被当成珍贵的艺术品为人们重视。这可以说是汉字独有的一个特点。

从总的外貌上看，现在的汉字外观基本上是正方形的，因此有“方块字”“方块汉字”的名称。从字音方面说，每一个汉字只有一个音节，汉字是单音节的。

现在使用的汉字的形体是由笔画组合成的，最少的是一笔，比方“一、乙”，在常用字里，笔画有多到二十几笔的，比方“蠹、麟、镶、囊、赣、矗”。每个字的笔画是怎么组合的，完全要靠记忆。记不住就不会写，记得不准确自然也就写得不对。笔画多的字，写起来费事费时。有些字的面貌彼此十分近似，如果不仔细认真，很容易发生差错，比方“戌”和“成”以及“戎”、“己”和“已”以及“巳”。它们的笔画并不很多，却不容易对付。这些是汉字难学的第一点。

一个一个不同样子的汉字，如果没有人教又不去查字典，光看字的样子是看不出它的读音来的。这个字怎么读，那个字怎样念，需要一个一个学，一个一个记。有的字在不同场合又有不同的读音，比方“处”字在“处理”里读 chǔ，在“处所”里读 chù；“塞”字在“塞子”里读 sāi，在“边塞”里读 sài，在“闭塞”里读 sè，这同样必须一个一个学、一个一个记。这是汉字难学的第二点。

第二章　汉字形体的演变

在称赞某人会写这样那样不同样式的字时，常常说这个人“真草隶篆”都会写，可能你也听到过这样的话吧。也许有人听了这话会奇怪：上过十年八年学的人“真草隶篆”这四个字谁还不会写，这有什么可称赞的呢！其实人家指的不是这四个字，是指“真、草、隶、篆”这四体说的。汉字有3000多年的历史了，它的形体曾经发生过许多次变化，但是一般人常见到的是真书（也就是楷书）、草书、隶书和篆书，于是就笼统概括起来说。实际上汉字并不止这四体。那么都有哪些体呢？

甲骨文

3000多年前住在现在河南省安阳附近的商朝人，使用的文字是咱们现在所见到的最古老的汉字，通常管它叫“甲骨文”。为什么起这个名字呢？商朝人相当迷信，碰到什么疑难问题自己解答不了的，比方某一天的天气怎么样，或者跟外族的战争结果将会如何等等，都进行占卜去问天神。怎么个占卜法呢？在乌龟腹部的那块壳儿（龟腹甲）的一面挖出小小的坑儿（不挖透了），再用火对着坑儿熏烤一下，这样，在另一面就出现了裂纹。管占卜的人根据裂纹的形状长短等现象对卜问的事情做出判断。免得遗忘，就把卜问的内容和占卜的结果刻在（也发现过写的，但是极少）这块龟甲上。也有少数刻在牛或者鹿等的骨头上的。因为字出现在龟甲兽骨上，因此人们就给它起了甲骨文这么一个名字。另外还有“龟甲文”“殷墟书契”“占卜文字”等不同的名称；也有简称为“甲文”的。

甲骨文绝大多数是用刀刻出来的，因为龟甲兽骨很硬，刻弧形线条十分困难，刻直线比较方便，所以甲骨文的笔画以直线形的居多；同时，笔画往往十分纤细（见图1）。这固然受所使用的工具的限制，另一方面跟占卜过程中要随时记录下来，没有时间对每个字的线条加以修饰也有关系。在商朝末期的甲骨上出现了弧形笔画多而且线条也比较粗壮多变的字。文字风格跟早期的比较也有明显的不同（见图2）。从它所记录的内容看，跟占卜没有关系，这就不必马上刻成。因为时间从容，即便使用的工具没有改变，还是可以对笔画进行修饰的。

图1

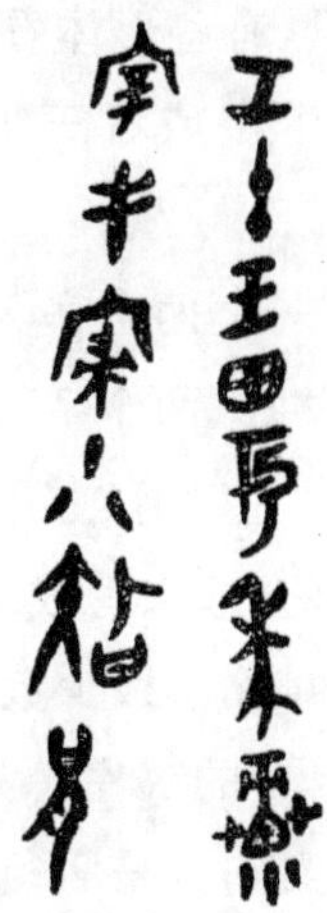
图2

甲骨文里有许多字还没有定型化，同一个字可以有几种写法，下面以“帝、福、受、辰、南”五个字为例：

帝
福
受
辰
南

这里只是举例，这五个字都只列出六种写法，其实写法往往不止六种。

在甲骨文里，有些形体看上去好像一个字似的，实际上并不是，而是把两个字或者三个字凑到一起靠得非常紧密，例如：

 是“武”“丁”两个字。

 是“牝”“牡”两个字。

 是“十”“三”“月”三个字。

这样把两三个字合起来写成的一个形体，通常叫做“合文”。

过去写东西，除了极少数场合之外，都是从上到下一竖行一竖行写下去。行的次序总是先右后左（极个别有先左后右的）。甲骨上的文句也是竖行，但是行的次序并没有一定，可以先右后左，也可以先左后右。咱们现在写东西，一般都是一横行一横行由左而右从上到下写下去。在甲骨上也偶然出现三两个字左右横列的。

就目前所见到甲骨文来统计，大约有4000多个字。经过许多专家学者多年的考证研究之后，能够认识的有2000个左右。有一本书叫做《甲骨文编》，里面收集的甲骨文在目前来说还比较齐全，如果想多看到些甲骨上的字的样子，可以找这本书看看。另外有一部叫做《甲骨文字集释》的大书，它在每个甲骨文字之后列出了学者们对这个字考释的说法，这对研究甲骨文提供了很大的方便，是一部很有用的书。

甲骨文是商朝后半期使用的，但是那时候的文字并不仅仅出现在龟甲兽骨上，在铜器、玉器、陶器上也有，只不过字数很少就是了。因为甲骨上的字在数量上远远超过其他器物上的，因此就拿甲骨文作为商朝文字的代表。这些刻着字的龟甲兽骨是从河南省安阳小屯村的地下挖掘出来的，历史记载说商王盘庚把国都迁到殷，也就是现在安阳小屯一带。商王从成汤到纣王一共十七代，盘庚是第十代商王，所以说甲骨文是商朝后半期的文字。前些年在陕西出土了一批刻着文字的甲骨，这是周朝人用的甲骨。尽管也是甲骨上的文字，但是算不得甲骨文。因为时代不同，文字的体式已经跟商朝的甲骨文不一样了。

甲骨文虽然是最古老的汉字，可是一直到 1899 年才被人发现，到现在不过百十来年。《老残游记》的作者刘鹗（字铁云）把他收藏的甲骨在 1903 年编成《铁云藏龟》，这是整理研究甲骨文的第一部著作。集甲骨文之大成的一部巨著叫做《甲骨文合集》已经出版。

甲骨文的发现，使得汉字的研究提高了很大的一步。同时也使得人们对古代汉语以及商朝的历史社会文化等方面的认识更深入更全面了。

金文

商朝铜器上有文字的，差不多都是商朝末叶铸造的，那上头的文字风格体式跟刻在甲骨上的甲骨文有所不同（见图 3），虽然也是商朝使用的文字，但是不能认为它们属于甲骨文那一路，当然也就不好称之为甲骨文。那么管它们叫什么呢？叫“金文”。为什么叫这个名字呢？古代人管用来铸造器物的铜叫吉金，文字出现在用吉金铸造的器物上，于是就定出“金文”这个名称；也有叫“吉金文字”的。这就如同文字出现在甲骨上叫甲骨文那样。在出土的铜器之中，属于乐器的钟和属于食器的鼎都是有名的重要器物，它们上面自然也有有字的，因为这层关系，过去有叫“钟鼎文”的；虽然叫钟鼎文，其实包括所有铜器上的文字。另外还有“铜器铭文”“彝器款识”等名称。现在以“金文”这个名称最为通行。

图 3

周朝铜器出土的数量比商朝的多得多，出现的字数也多了不少，因此，周朝的文字可以用金文来做代表。商朝金文的风格体式跟周朝铜器上的文字（见图 4）差别不大，自然在金文的范围之内。周朝以后的铜器上的文字，是不是也可以称为金文呢？不行。在周朝末叶汉字的体式已经发生变化了。到了秦朝，字体跟商周金文产生了很大的差别，秦以后就更不用说了。把哪种体式的汉字叫做什么体，主要是由体式本身来决定，而不是根据它出现在什么东西的上头。周朝刻在甲骨上的文字，不作为甲骨文看待的理由正是如此。今天咱们临摹周朝人铸在器物上的文字，虽然是写在纸上，还是可以称为金文。例如说，他写了十个金文的寿字送给我。

图 4

铜器上的字，绝大多数是在铸器的时候一起铸出来的。在铸造之前，把反写的字先刻在模子上，这样，就有时间随心所欲慢慢精雕细刻了。因此，金文的笔画有粗有细，有直的也有弧形的，跟甲骨文相比，就显得富于变化了。也有的字是在器铸好了之后再刻上去的，这种情形比较少。因为是刻的，所以笔画都比铸的要细得多。

金文的字形也还没有定型化，这表现在同一个字往往可以有不同的写法。下面以“铸、皇、贝、扬、永”五个字为例：

铸

皇

贝

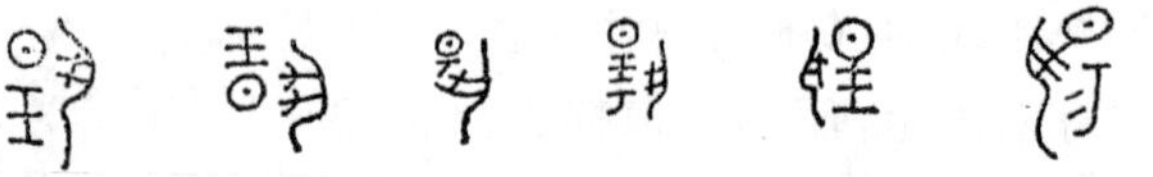 扬

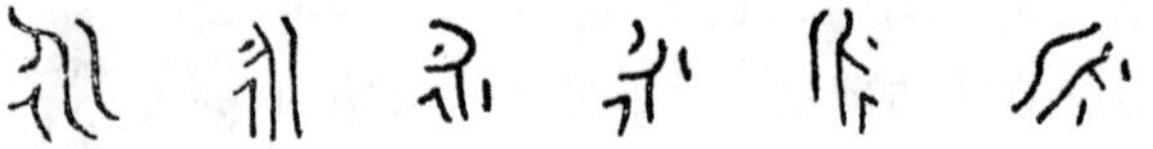 永

这五个字在这里只举出六种写法，实际并不止六种。

金文里也有合文，例如：

 是“内”“门”两个字。

 是“三”“千”两个字。

 是“小”“子”两个字。

 是“五”“十”“朋”三个字。

金文的行文也是竖行，行次差不多都是由右往左，从左到右的非常之少。

铜器上的由文字组成的词语叫做“铭文”。商朝铜器上的铭文一般都很短，最长的也不过三四十个字；周朝的铭文有多到将近500个字的长篇巨著。铭文有的内容记载这件器为谁所有；有的记述怎么会造这件器的，不是因为祭祀亲人，就是设宴请客，或者因为得到王的赏赐；有的记战争的胜利；有的记关于田地或者农事，等等。总而言之，铭文的内容方面很广，是考证研究当时历史社会文化的重要材料。自然也是研究汉字和古汉语的重要材料。

现在见得到的金文约计有3000多字，经过考证研究能认识的差不多有2000个。有一本类似金文字典的书叫做《金文编》，收集的金文单字相当齐全。另外有一部叫做《金文诂林》的大书，在金文的每个单字之后列出了学者们对这个字考释的说法，是一部很有用的书。如果想对金文有所了解，不妨找

来阅读。

据古书上的记载，在汉朝就已经有带铭文的古代铜器出土了，自然汉朝以后也有出土的。到了宋朝，人们才注意对金文的收集整理，有名的文学家欧阳修编过《集古录》，这部书没有流传下来，现在已经见不到了；著名女词人李清照在她写的《金石录后序》这篇文章里叙述了和她丈夫赵明诚编《金石录》的情形。商周两朝有文字的铜器，已经出土了4000多件。现在还不断有新的出土，那上头有从前没有见过的新字。

战国文字

春秋晚期和战国时代各个诸侯国各自为政，周王朝不能保持统一的局面了，在文字上也表现出各行其是的情形，字形上出现了比较大的差别。这个阶段的文字，现在一般叫做“战国文字”；也有叫做“六国文字”的，六国指的是：韩、赵、魏、齐、楚、燕。现在咱们可以见到越、中山等国的文字，用“战国文字”这个名称要比“六国文字”概括性大些。

战国文字除了见于铜器上的之外，在玉器、陶器、玺印、钱币上也有。这些，人们在过去就已经见到了。新中国成立之后，发现了很多写在竹简、帛以及石头上的战国文字，这就大大开阔了人们的眼界。因为这些新材料的发现，对古代汉字的了解大有帮助。

前头说过各诸侯国各自为政，这在文字上也有所反映，也就是说同一个字你可以这样写，我可以那样写，他又可以有另外的写法，甚至一个地区里同时也有不同的写法。请看下面的例子：

德

乘

寅

皇

有的字甚至跟周朝传统的写法有很大的差别：或者在字里增加部件，比方“上”字写作，其中的就是新增加的。或者改换字里原有的部件，比方“定”字写作或者，其中的▼和▽就是改换了的部件。或者另外新造，比方是“少”字，看上去很像合文“小子”呢。

跟金文比较，战国文字有向简化方面发展的，例如：

“出”字，金文的写法是。

“室”字，金文的写法是。

“为”字，金文的写法是。

“马”字，金文的写法是。

因为战国文字跟金文甲骨文在形体上有一定的差距，所以在辨认的时候也就存在着一些困难。战国文字的数量比甲骨文金文都多，多出来的是后起的新字，这类字辨识起来也不大容易。

汉朝学者许慎撰写的重要的文字学巨著《说文解字》里收了一些“古文”；三国时代的魏国用三种字体在石头上刻古代的经书，其中一种字体也是“古文”。这些所谓古文，差不多就是战国文字，有些字可以直接对得上号。下面所列的上一行是《说文解字》里的“古文”，下一行是出土战国器物上的文字：

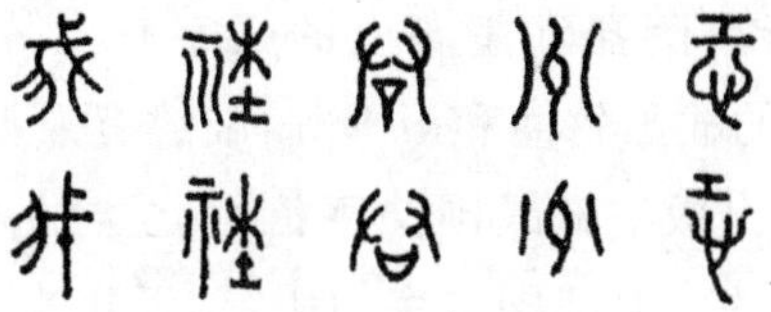

我　　社　　君　　州　　恐

战国时代（也包括春秋末期）某些器物上的文字被美术化了，有的字笔画有意多加曲折，或者在笔画之中加上圆点之类的装饰，例如：

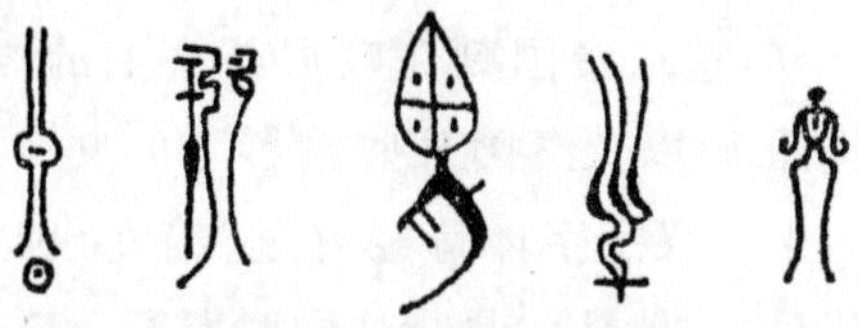

公　　于　　胃　　止　　文

有的甚至在字里加进跟这个字毫不相干的鸟形花饰，例如：

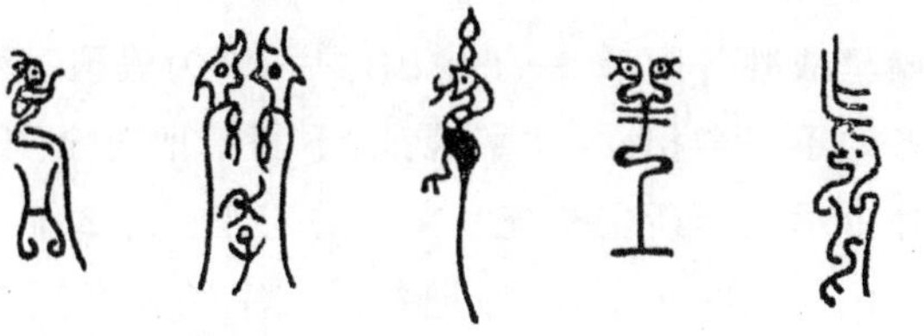

句　　季　　玄　　王　　作

像这些花样的字现在见到的并不多，它们大多出现在楚、吴、越等南方诸侯国国君用的兵器上，在记事的同时也为了能起美化装饰的作用。过去有所谓“虫鸟书”，大概指的就是这种花样文字。这样的字写起来非常不方便，没有什么实用价值，只不过是战国文字的一种美术体罢了。

春秋战国时代铜器上的文字，过去发现的数量有限，一般就作为金文对待；陶器和玺印上的文字有人分别编了专书。近些年来出土的战国竹简和帛书等，陆续有人汇集整理。编辑出版一部战国文字汇编之类的书是很有必要的。对战国文字的研究，近年来很受人们的注意，方兴未艾，不久的将来一定会有丰硕的成果出现。

图 5

战国时期秦国的文字基本上还保持着西周文字的传统，跟许多国家文字面貌不大一样，这从秦国刻在鼓形石头上的"石鼓文"（见图 5）以及秦国某些铜器上的文字可以看得出来。汉字字体曾经有过"籀文"和"大篆"的名目，一般认为是指战国时期秦系统文字说的。

小篆

秦始皇战胜各国，统一了中国之后，因为战国时期文字的写法在各地不完全相同，文字混乱，不利于他对全国的统治，于是就命令丞相李斯主持统一文字的工作。怎么统一呢？先统一了秦国使用的文字，然后把各国文字纳入秦国文字的范围之内；在统一的过程当中，对秦系统的文字同时做整理简化的工作。这样对每个字都制订出标准的写法，推行于全国，同时废除跟标准体不合的那些写法。这是一项很了不起的有深远意义的工作。由李斯主持制订出来的这种新字体，一般都管它叫做"小篆"；也有叫做"秦篆"的，因为这是秦国的篆书。

现在咱们平常说的篆字，比方这一章开头说的“真草隶篆”的篆，指的就是“小篆”。

为了说明以上所讲的，请看下面以“秦”字为例：

 楚国铜器上的写法

 楚国竹简上的写法

 燕国陶器上的写法

 玺印上的写法（不知国别）

 秦国铜器上的写法

 小篆的写法

前四个写法都跟秦国铜器上的写法有不少差距，自然就把它们都废除掉；同时对秦国铜器上的写法进行简化，把下头的两个省略掉一个。结果成为小篆的。在《说文解字》里是“秦”字的籀文，这跟秦国铜器上的写法是一致的，所以说籀文指的是战国秦系统的文字。

在前头讲战国文字时举过“皇”字的例子，秦始皇统一文字的时候，把它们都废弃了，采用秦国铜器里的，继承下来作为小篆的写法。

小篆是经过统一整理之后的文字，每个字都订出了标准的写法。因此，就不像它之前的文字那样允许一个字可以写出几种样子。标准的秦朝小篆，现在可以看到秦始皇统一中国之后在石头上的刻辞。那上头的字不论笔画多少，都各占相同的长方形面积，笔画也同样粗细。调兵遣将用的铜虎符上的文字也同样规矩工整（见图 6）。

图 6

汉朝许慎的《说文解字》里收录了 9353 个小篆。对每个字的构造和意义都做了解释，对小篆的流传起了重大作用。

现在讲究书法的人，有专门写小篆的；有的国画上题写的画题也有用小篆写的；用得比较多的地方是在印章上，特别是书画家使用的印章差不多刻的都是小篆，刻印章不是也可以称为“篆刻”吗。1980 版人民币的纸币背面下方印着的两方图章，上面的字就是小篆的写法，左边一方是“行长之章”四个字，右边一方上的四个字是“副行长章”。小篆现在一般人不容易识别，所以今天使用小篆的地方很少。

隶书

虽然小篆使文字规范化了，但是书写起来并不方便，当时大概只在官方的郑重文字材料上才那么一笔不苟的写合乎标准的小篆。一般场合，人们并不那样认真地去遵循小篆的标准写。这从近些年发现的秦朝竹简以及其他器物上的文字看，就可以得到证明。图 7 那一行似篆非篆的字，就是秦朝人在竹简上写的。既然小篆在实际使用上使人感到不方便，日久天长必然会产生便于应用的新字体。在小篆之后通行的字体叫做“隶书”。

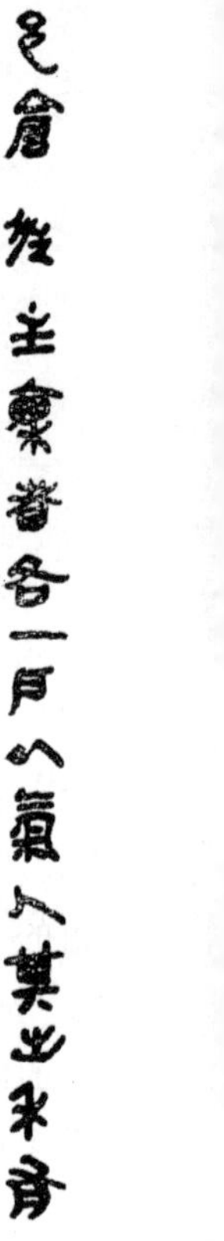

图 7

南北朝时的颜之推在他的《颜氏家训 · 书证》里说，隋朝开皇二年（公元 582 年），长安有人掘地得到秦朝的铁秤砣，秤砣上的字体有些像古隶的样子。《颜氏家训》里没有插图，不知他说的“古隶”的形体是什么样子。但是后来出土的秦朝秤砣咱们现在可以见得到，那上面的文辞跟《颜氏家训·书证》里记载的相同，字体跟颜之推见到的可能没有多少差别。如果是这样，咱们所见到的（见图 8）也就是颜之推所说的古隶了。跟上面所举的虎符上的字（见图 6）比较，可以看得出来秤砣上的字虽然基本上还是小篆的结构，可是跟小篆还是有所不同，起码不像虎符上的那么端庄工整，特别是其中的“成、盛、故”三个字和小篆的面貌距离要大得多。古隶也有叫“秦隶”的，这是为了区别于汉朝的隶书。汉朝的隶书叫“汉隶”，汉隶在后，和古隶相对，就叫做“今隶”。通常说的隶书，指的是汉隶。

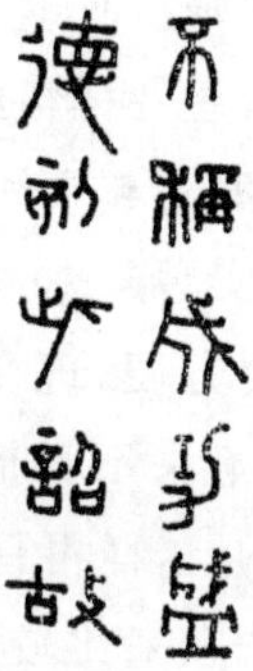

图 8

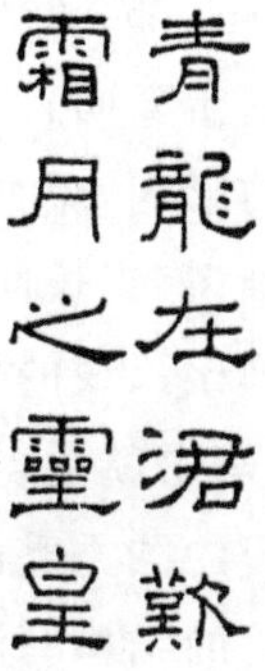

图 9

图 10

相传隶书是秦朝的一个小官叫程邈造的，这话靠不住。一种新字体是从它之前的旧字体逐渐演变出来形成的，绝不可能是哪一个人的创造。

前些年在挖掘出来的汉墓里发现了大量竹简和帛书，考察它们上头的文字，可以知道汉朝早期文字有的还很接近小篆，有的可以说是古隶。一般人心目中隶书的形象就是人们所熟悉的汉朝一些石碑上的字的样子（见图 9），它们大多是汉朝末叶的作品。刻碑是想流传万世的，所以上头的字都比较方正规矩；尤其是官方刻的石经，字的大小以及笔画的匀称都是整齐划一的，一笔不苟严肃得很，可以认为标准的汉隶。手写的简牍之类上头的隶书，往往生动活泼、笔画和整个字的结构和形体都不像碑刻那么呆板(见图 10)。

从隶书外形总体上看，由方而扁，不像小篆那样长长的；笔画基本上都是直线形的而且一笔之中有粗有细，跟小篆的弧形笔画居多而且笔画一样粗细大不相同。这是受了毛笔笔头长短的影响，短秃的写起来线条容易一样粗细，写弧形笔画也不困难；笔头长而尖写起来自然容易使得笔画出现波磔，写直线笔画比弧线的要方便，现在用新毛笔临写隶书不觉得有困难，写篆书就觉得笔头不听指挥十分别扭。有人把笔头儿剪得短短的圆秃秃的，这样再写篆书就方便了。

从总的结构写法上来比较，隶书在很大程度上简化了小篆。如果把汉字分为古今两大类的话，可以在小篆和隶书之间划界，小篆和它之前的各体属于古的一类，隶书和它之后的各体属于今的一类。咱们看小篆，可能有不少字认不出来，可是看隶书就不怎么困难了，十之八九大概都能辨识。

把汉碑上的文字收集起来编成书，宋朝人就开始了，有《隶释》《隶续》，清朝人编的有《隶辨》《隶篇》。新中国成立前发现了不少汉朝的竹简木牍，近些年发现的竹简帛书也很多，因为字小又不像碑刻上的那么清晰，编成类似字典那样的书很不容易，不过现在已经出版了《汉简的书法艺术》以及按出土地点编的分册已有多种出版了。

楷书

从甲骨文到隶书都是一种旧字体演变发展而形成一种新

字体，可是隶书向前发展却分出了两股支流，演变形成两种新字体，它们是“楷书”和“草书”。

楷书在汉朝晚期已经开始萌芽（见图 11），三国时正式形成。现在人们普遍使用的就是楷书。楷书差不多已经有一千七八百年的历史了，一直延续使用没有发生变化。楷书也有叫“正书”或者“真书”的，也有叫“正楷”的。

楷书和隶书比较起来，明显的差别在于楷书改变了隶书笔画的写法，主要的是横和撇的末尾不向上挑、点由长形变成圆形。另外，字的整个形体由扁而方。从总体上说，楷书对隶书的结构没有多大变动，基本上是用楷书笔画的写法写隶书的结构。这就是咱们看隶书差不多都能认识的原因。

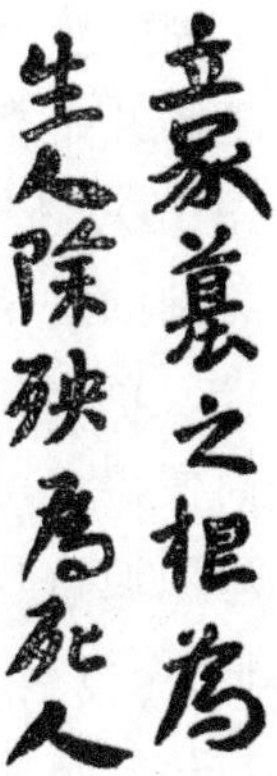

图 11

草书

隶书要一笔一画地写，写起来费劲，也费时间。为了省事省时间写得快些，就不完全一笔一画正儿八经地写，笔画能简的简，能连的连，这样形成的字体就叫做“草书”。

草书又分成“章草”和“今草”两类。章草在汉朝已经出现了，它或多或少还带些隶书的意味，笔画往往露出波磔，一个字一个字分着写，很少相连的（见图12）。在章草的基础上再

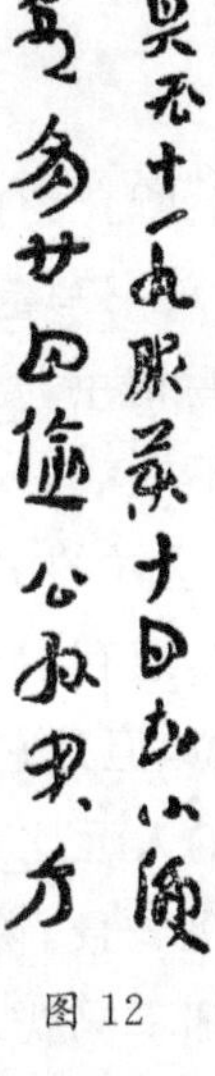

图 12

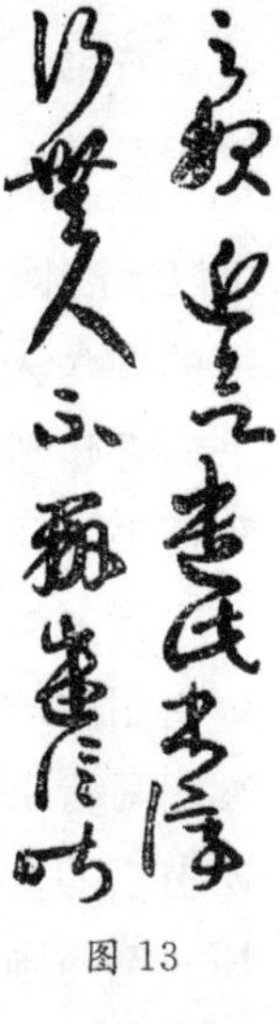

图 13

发展一步，就变成一点儿隶书意味也没有的今草了。今草的笔画几乎都是楷书的写法，字和字往往有接连着一起写的(见图13)。传世的章草作品很少，历来写章草的人也不多；经常见到的是今草，各时期书法家写今草的人比较多。

草书和楷书都是从隶书演变而来的，草书写起来比楷书简便得多，为什么在隶书之后比草书写起来费事费时的楷书反而通行开来了呢？这是因为草书有许多字的形体十分相似，不容易分辨。对文字不仅要求便于书写，而且还要求容易辨认。权衡利弊，辨认的难易比书写的繁简更重要，因而楷书的地位高于草书便得以正式通行，一直延续到今天。草书就作为一种艺术品由人们来书写欣赏了。有人编了一部《草字编》，收的字很多，印刷也很好。过去的《草字汇》就不能跟它相比了。

行书

除了以上所介绍的之外，还有一种叫做“行书”的字体。草书写起来确实方便，于是用写草书的办法来写楷书，尽量保存楷书的面目；有草书的意味却不是草得难以辨认，看起来介乎草书和楷书之间，这样的字体就是行书(见图14)。

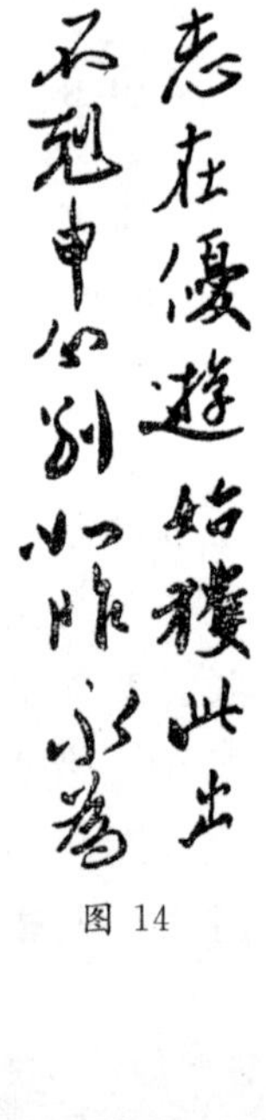
图14

行书虽然没有取得楷书那种能够在庄重场合使用的地位，但是它能跟楷书并驾齐驱经久不衰。写行书的人远比写楷书的人多得多，因为它比楷书写起来方便；除了一定的要求，谁也不耐烦一笔一画都不马虎地写楷书。行书可以看成是楷书的简便写法。

咱们平常写东西的时候大概很少写楷书的，那么写的是什么字体呢？临写过行书的人写的是行书，没有临写过的写的是平常所说的连笔字。连笔字有的跟行书的写法相合，有的就不合乎行书写法的习惯，各式各样，有的不容易辨认，有的看上去不美观。如果把各个字制订出一个行书的标准写法来，编成行书字典和字帖供大家查阅遵守、临写，那该多好哇。

一点比较和说明

以上介绍了汉字的各种体，是讲了一种再另讲一种，说了一些话就好像中间隔了些什么东西似的，举的例子里的字也是各举各的。这样，就不可能看出某个字在发展演变过程中各体的样子，也就不便于比较。为了弥补这一点欠缺，现在以几个字为例，分别列出各体的写法，看一下它们发展演变的大

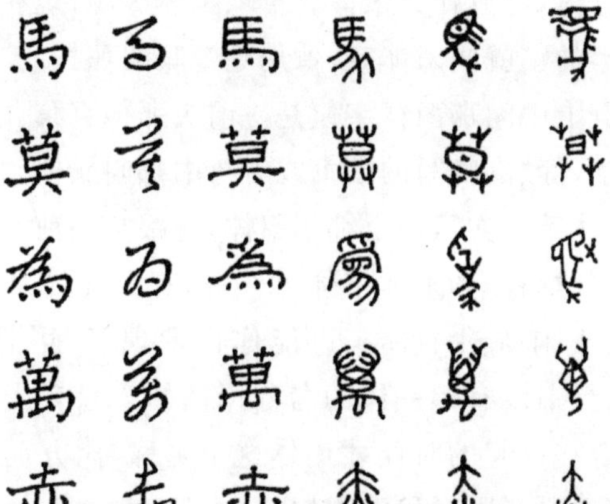

概情形。前头所讲的是从最早的甲骨文开始的，由远而近按历史发展次序一路讲下来。咱们在这里就从今到古向上推，左边开始先列楷书（简化前的），然后是草书、隶书、小篆、金文，最后是甲骨文。除去最后的两体，前边四体正好是“真草隶篆”。如果从右向左看，便合于历史发展的顺序。

这里附带讲一下跟咱们以上讲的体不相干的也是指汉字说的体的问题。平常可以听到学书法的人说，他本来学的是欧体，后来改学颜体之类的话；字帖也有什么柳体、赵体等等的分别。这种情形里的这个体那个体指的是什么说的呢？这是指有造诣的大书法家形成他特有风格说的，欧体指唐朝欧阳询所写的字的风格，颜指颜真卿，柳指柳公权，赵指元朝的赵孟頫。另外还有“繁体”“简体”的说法。有些字原来的笔画多，结构复杂，后来把它改变一下，减少笔画使它的结构简单，改变前的叫“繁体”，改变后的叫“简体”。比方现在说的这个体的“体”字就是简体，繁体写法是“體”。在排字铸字车间里对铅字也分体，比方什么宋体、楷体、黑体等等，现在你看着的这一页上印的字就叫宋体字，像用毛笔写的那样的叫楷体字，本书版权页上中间那两行字便是。前头那一页第九行的七个字是黑体字。颜真卿写的楷书或者行书都叫颜体。赵孟頫写过一本《六体千字文》，那也都叫赵体，这跟咱们前头讲的体是两回事。繁体简体和宋体楷体黑体等，都是在楷书里的再分类，也不同于前头讲的体。可能你也发现了，甲骨文、金文……楷书、行书没有哪一体的名称用体的。只有当它们的某几种体集合在一起的时候才用体这个名称，比方前面提到的《六体千字文》，三国时代魏国的“三体石经”之类。

第三章　汉字的造字法

最早的甲骨文现在咱们见到的有4000多个字，金文有3000多个字。许慎在《说文解字》里收了9353个小篆，那时候社会上使用的是隶书，隶书的字数肯定在10000个以上。南北朝时代梁、陈之间有个人叫顾野王，他编著的《玉篇》这部字典式的书里收了16917个字。1915年出版的《中华大字典》字数增加到48000多个。1985年编成的《汉语大字典》收得有56000左右个字。4000多个甲骨文是用什么方法造出来的呢？后来逐渐增加的那许许多多个字又是怎么创造的？也就是说汉字的造字法是怎样的呢？

六书

在春秋战国那时候，已经有人注意到汉字的造字方法了，比方《左传》里讲的“止戈为武”“反正为乏”，《韩非子》里讲的“自环者谓之私，背私谓之公”。这样讲法只不过是对某些字的构造进行解释，还没有形成整套理论。在《周礼·保氏》里，讲“礼、乐、射、驭、书、数”所谓“六艺”时提出了“六书”这个名目。什么是“六书”，《周礼·保氏》没有解释，大概总是跟文字构造之类有关系的。到了汉朝，有人认为汉字的造字法有六种，也就是六书；现在见到的有东汉三位学问大家的说法：

1. 班固在《汉书·艺文志》里说的：

象形　象事　象意　象声　转注　假借

2. 郑众给《周礼·保氏》作注时说的：

象形　会意　转注　处事　假借　谐声

3. 许慎在《说文解字·叙》里说的：

指事　象形　形声　会意　转注　假借

这三家对六书的分类在内容上是一样的，只是有些名称有差别，排列的次序也不相同。过去有人对这方面进行过不少讨论，比较三家的长短，这其实是没有多大意义的。在名称上，三家相同的是：

象形　转注　假借

不同的是：

象事　象意　象声　（班固）

处事　会意　谐声　（郑众）

指事　会意　形声　（许慎）

班固用了四个“象”，只有“象形”跟另两家相同，其余的三个“象”就让人有含混的感觉，不如另两家对“事、意、声”用别的说法来得清晰。班固和郑众只列了六书的名称，对它们没有一点儿说明。许慎在他列的名目之后，逐条都有解释，同时还举了例字；他又有讲文字的专门著作《说文解字》，受到后代人的推崇。因此，在讲六书的时候差不多都采用许慎订的名称。在这六种名称的次序排列上，现在人们都认为班固的最好，就采取他的说法。经过这样调整之后，六书的名称和次序是：

象形　指事　会意　形声　转注　假借

下面就按这样的名称和次序一一介绍。

象形

文字是从图画发展来的。当文字产生之后，原来描画实物的图画被吸收到文字的行列之中，它们的样子自然跟它所表达意思的东西的形状很相像，这种像实物形状的字就叫做象形字。用描画实物的办法来造字，这种方法就叫做象形。许慎对象形的解释是：“画成其物，随体诘诎，日、月是也。”这话的大意是，画成那样东西，按照它的形体，笔画有所曲折，日字月字就是这样的。

“人”字是个象形字。看现在“人”这个样的字形并不像人形啊。是的。“人”是楷书的写法，咱们知道楷书之前还有好几种字体，到了隶书阶段象形字就已经不容易看得出来像什么了，楷书自然也是如此。是不是象形字，得往前看，探本求源，看金文、甲骨文是怎么写的。“人”字在甲骨文里已经出现了，有写成这个样子的；金文里有写成的，它们所描画的都是从侧面看的一个站着的人形，中间那一长画是躯干和一条腿，左边那一短画是一只下垂的胳膊；金文的那个写法在躯干上端还把头也表示出来了，这就更像了。现在有的图画书上讲人的动态时，用单线画的略笔画不就是这样的吗。小篆的“人”字写成，就不大容易看出像从侧面看的站着的人了，隶书和楷书里的“人”字左边一撇是由那只胳膊演变成的，右边一捺则是从躯干和一条腿发展来的。这样一解释，人们就会承认“人”字是个象形字了。下面再举几个例子看看：

 甲骨文的“鹿”字有这么写的。鹿的特征是头上那一对像枝杈样子的角，这里的描画得很像，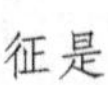是头、

身子、两条腿和一根短尾巴。整个字一眼就看得出来指的是什么。小篆写成就已经不像鹿了。

 这是甲骨文的“象”字。要把它向左转九十度横过来看，因为这是竖着写的。象的长鼻子描画得十分出色，还有如同一把小刷子的尾巴也很不错，大象的特点表现得非常明确。小篆写成，就不那么像象了。

 这是甲骨文的“木”字。“木”字本来是现在的“树”的意思，“伐木”“一草一木”里的木就是它本来的意思。中间那一直画是树干，下面的三画表示树根，上面三画代表树枝。小篆的写法是。这跟树的形象就有不小的距离了。

 这是“雨”字甲骨文里的一种写法。上头的一条横线代表天空，下面的六个短竖线表示接连落下来的雨点儿。小篆写成，就很难看得出来是象形字了。

 这是甲骨文的“弓”字。左边曲折的线条是弓背，右边的直线是弓弦。凡是见过弓的人，大概都认识这个字。小篆的写法是，就看不出来是什么了。

 这是“矢”字甲骨文的一种写法。“矢”就是现在说的“箭”，“无的放矢”的“矢”就是“箭”。上端是箭头，中间是箭杆儿，下端是在箭杆末尾安的羽毛。现在要指示方向画一支箭基本上也是这个样子。小篆写成，哪里还像支箭。

有的象形字只取对象的某一部分特征，比方“牛”字甲骨文写成，整个字形代表牛头，其中的是牛角，是牛耳。这

可以用商朝铜器上的来比较，甲骨文用单线把它简化了。又比方“羊”字，甲骨文有写成的，很像长着弯曲犄角的羊头。商朝铜器上的也是羊字，表示的方式跟甲骨文一样，看上去比甲骨文更像一些，因为它用的线条有粗有细。

有些东西不像上面举的那些容易描画得让人一目了然，于是就用比较写意的手法来表现。比方水这样东西没有固定的具体的形象，不能像弓、矢、牛、羊那样去描画，那么怎么办呢？咱们来看看甲骨文里的“水”字是怎么写的吧：或者写成，也可以写成，中间那曲折的一画代表河沟，两旁边的几个小直道道代表流动着的水。如果横过来看，就跟有些国画上用几条曲线表示水的办法一样。又比方，“土”也跟水那样不好描画，可是商朝人还是有办法，甲骨文的“土”字有写成的，也有写成的，下边的横线表示地，在地上面凸出来的代表土块儿；它旁边的三个小竖道表示土块上掉下来的碎块儿。

有些象形字由于古今形体的演变，使得咱们看不出它们是象形字了，但是如果能找出它们最早的写法，还是可以知道像什么，例子在前头举过了。如果象形字的意思变动很大，即使看着最早的写法，也很难想到本来是象形字。举例来说：

萬　这是楷书的写法（现在简化成“万”，另当别论），当“十个千”或者“一百个百”讲。“萬”字在甲骨文里有写成的。因为现在萬字都当十千这个数目讲了，看着而认为萬是个象形字的人大概不太多吧。它确实是蝎子之类的虫子的象形字呢。

自　甲骨文有写成的，是鼻子的象形字。现在“自”当“自己”（自吹自擂）和“从”（自近而远）讲，你会想

得到“自”原来描画的是鼻子吗。

能　当“能力”“能够”之类的意思讲，把金文写法的或者摆出来，很难想到“能”本来是一种什么兽（有人认为是“熊”）的象形字。

有少数象形字发展到楷书阶段，还保持着象形的面貌，也就是说只看楷书的写法而不必找甲骨文金文，也能看得出来它们描画的是什么，例如：

門　左右两边的竖笔是安装门扉的两根柱子，和是左右两扇门扉。这跟甲骨文里的的写法差不多。

車　这要横过来看就更清楚些。中间的一竖笔是车轴，上下两横笔是两个轮子，当中的是车厢。甲骨文有写成的，如果两轮简化成两竖，车厢向下移动一下，就是的样子，这样写嫌太宽，竖起来就成了車；金文里已经出现这种写法了。

龜　罒是头，囟是背，是腹和尾，是两足。甲骨文有写成的，把它向左转九十度横过来看，就更容易看得出来是什么了。

现在“門、車、龜”已经简化成“门、车、龟”了，简体比繁体要好写得多。汉字发展的主要趋向是由繁而简，谁也不会考虑什么象形不象形的，从小篆开始就顾不上这一套了。

世上的东西多得很，全用象形的办法来造字根本不可能。比方“风”，谁也看不见它的形，自然也就画不出来，要造出个表示风的象形字来怎么能办得到呢。又比方“豹”和“猫”的样子跟“虎”很相似，已经用象形的方法造出了“虎”字，再造“豹”和“猫”的象形字就非常困难了。象形这种造字法有很大的局限性，在《说文解字》的9353个字里，象形字只不过二三百个罢了。

指事

许慎说："视而可识，察而见意。"大意是：初看起来可以识别（字形），仔细看看可以了解意思，这就叫指事。他举的例子是"上"字和"下"字。"上"，甲骨文写成𠄞；"下"，甲骨文写成𠄟。它们都用一根长横作为标准线，要表示上的意思，就在标准线的上面画一根比较短的横线来指明方位；反过来，把短横线画到作为标准线的长横线之下来指方位，见到𠄞知道指的是上，见到𠄟也能了解指的是下。

𠄞和𠄟里的两个横线不论是长还是短都是符号，由于短横线的位置变动而表达不同的意思。如果只写一长横，没有一短横跟它对比，这一长横就不代表定位的标准线，这时候它就表示数目"一"，也就是"一"字。再重复画一根同样长的横线跟原先的那根并列，就成为＝；这是一加一的意思，表示数目"二"，也就是"二"字。＝的两根长短相同的横线和一的一根横线也都是符号。＝跟𠄞和𠄟的区别全在其中一根横线的长短上。在＝上再添同样的一横，就是"三"字；≡上再同样加一横，就是"四"字。一＝≡亖也都是指事字。

有的意思只用符号表达不出来时，就利用图像（象形）加符号的办法来表示，这样造出来的字也是指事字。例如：

 是甲骨文的"亦"字。"亦"字最初的意思是人的夹肢窝，说得文气些就是"腋"。里的是一个从正面看的人的图像，中间部分两旁边的小斜道儿是指出所要表明的部位，它们指着肩臂交界的下面，正是夹肢窝那儿。

 是金文里的“本”字。“本”是根本的意思。是木，在中间一竖下面加上“·”这么个符号，指明在木的那个部位，表示根本的意思，就是“本”字了。

 是金文里的“末”字。“末”是树梢的意思，“本末倒置”原来是就着树来说的。造“末”字的手段跟上面讲的“本”字一样。自然要把指部位的符号放到树梢头才是地方，于是“·”就放在中间一竖的上端去了。

 是小篆写法的“刃”字。是刀（小篆的写法不大像刀），用个符号指着刀口部位，就是刀刃儿的“刃”字了。

指事字在《说文解字》里只有一百多个，占的比例最小。

会意

许慎对“会意”的解说是：“比类合谊，以见指撝。”大意是：把构成这个字的几个部分合起来领会它的意思、了解它所指的是什么。他用“武”和“信”两个字作为会意字的例子。“武”字是由“戈”（楷书武字里的弋是从戈变来的）和“止”组合成的，戈是古代的一种兵器，止是一只脚。把它组合起来表示拿着戈有所行动，也就是用武力征伐的意思。“信”字是由“人”和“言”组合成的，意思是人说出来的话应该真诚，信当诚讲。“戈、止、人、言”都各自是一个字，从这里可以知道许慎讲的会意是把两个原来可以单独使用的字作为部件组合成一个新字，它的意思要从当部件的单字的联系关系之中去领会。下面举几个会意字的例子：

采 用“爪”和“木”组成的，“爪”（在采字里写成了爫）是手心朝下的一只手，“木”是树。手心朝下的手是准备抓东西，它放在树上头不是摘叶子就是摘果子，这样就表示出采的意思了。

爲　甲骨文写成，上头的是一只手（楷书的写法变成了爫），下头是一只象（楷书变成了爲）。手牵着象，是让象给人干活儿，就表现了有所作、有所为的意思了。楷书的繁体有写成“爲”的，现在简化成“为”了。

隻　上半的“隹”是一只短尾巴的鸟儿，下半的“又”是一只抬起来的手。甲骨文有写成的。手握住一只鸟儿，表示获得的意思，“隻”字最初当“获”讲。

㝵　甲骨文有写成的，是“贝”，古时候用贝作货币，是手，手里握着货币，表示有所得的意思。“㝵”是“得”的早期写法。

企　用“人”和“止”组合起来，表示人抬起脚后跟站着的意思。甲骨文写成。

班　金文有写成的，小篆的写法是，是分割玉的意思。金文写法里的和小篆里的是刀（楷书变成了刂），表示被分割开了的玉。玉字甲骨文金文小篆都写成。（三横长短相同，距离相等）（“王”字，中横近上远下）

构成会意字的部件以两个的居多，但是也有超过两个的，例如：

牧　甲骨文有写成的，左边是一条牛，右边是手拿着一根棍子之类的东西。手里拿着棍子之类的东西赶牛，表示放牧的意思。放羊也是放牧，所以甲骨文里也有把牛换成羊，写成的。

祭　金文有写成的，是肉，是手，代表神，手里拿着肉献给神灵，表示祭祀的意思。

盥　和是左右两只手，皿是盆一类的器皿，水盛放在它里面。两只手进到盛了水的盆子里去表示洗手的意思，“盥洗室”。金文有写成的。

爨　小篆的写法是。和是左右两只手，是饭甑子，是灶，和是柴草，和也是左右两只手，是火。手拿饭甑子放到灶上去，再用手把柴草放进灶里用火烧，表示做饭的意思，“分居异爨”。

以上所举的都是用不同的部件组合成的会意字。还有用相同的部件组合成的。例如：

从　一个人在前头，另一个人在后头跟着，表示跟从的意思。

众　三个人聚在一起，三这个数目可以表示数量很多，用很多人表示众多的意思。

艸　这是最初的“草”字。屮是初生的草木的形象，把它并列起来表示草。

茻　草上加草，是许多草的意思。

步　甲骨文写成，左右两只脚，一前一后，表示行走的意思，“步入会客厅”。

此外，还可以对一些字进行这样那样的改造而成为一个新字，这种新字也被看成是会意字。请看下面的例子：

𠫓　小篆写成，是颠倒着写的（子）字。小孩儿头朝下脚朝上，表示胎儿正在出生。

𢇛　是𢇍字的反写。𢇍在战国文字里有写成的，

用刀割丝，当断讲，是最早的“绝”字。把𢇍反着写成㡭，表示跟𢇍相反相对，绝的反面的意思自然是不绝的意思；㡭是“繼”(继)字的早期写法。

片　小篆写成，是(木)字的右半个。表示把树木平分割开来的意思。

不　是木字的下半截。意思是树被伐了之后馀留在地里的部分。“不”是“𣞤”字的早期写法。

这种类型的字，不是用两个或者几个部件组合成的，跟许慎说的“比类合谊，以见指㧑”不相合。但是它们也是利用现成的字造出来的，不过用的只是一个字，是减，或者倒或者反，而不是加(组合)。新字意思的得来也跟那个用来改造的字有关联，颠倒着或者反过来或者减少些什么去领会。如果不把它们当会意字看待，归到其他五类里的任何一类好像都不合适。

形声

许慎对“形声”的解释是：“以事为名，取譬相成。”大意是用一个表示意思的部件，再用一个表示读音的部件来组合成一个字。他举的例子是“江”字和“河”字。这两个字的意思都跟水有关联，所以用“水”(楷书写成了氵)作为表示意思的部件，在造“江、河”这两个字的时候，“江”跟“工”的读音、“河”跟“可”的读音相同或者非常相近，这样就用“工”当“江”的读音部件、“可”当“河”的读音部件。那个时候的人看见“江”这个字，知道它读“工”又跟“水”有关系，或者说跟水有关系读成“工”的音，这个字指的是什么他就能领会到了(“江”最初是专名词，只把现在咱们说的长江叫江)。“河”也是这样(现在称为黄河的这条河当初就只叫河）。

形声字里跟字的意思（字义）有关联的部分一般叫做形符，也有叫做义符的，表示读音（字音）的部分通常叫做声符，也有叫做谐声偏旁的。因为从古到今语音发生了变化，所以形声字的字音跟它的声符的读音在今天往往有不一致的情形。“江、河”，现在用普通话语音来读，跟它们的声符“工、可”的读音就有距离；但是如果用广州语音来读的话，“江”和“工”，“河”和“可”的读音就非常相近。假使许慎举的例字是“攻”或者“功”，“坷”或者“岢”，现在用普通话语音读起来就跟它们的声符“工”、“可”的读音相符了。下面举几个读音跟它的声符读音相符的形声字：

淇　河南省有一条河叫淇水。用氵做形符，声符是“其”。“淇”跟“其”读音相同。

霏　雨雪等很盛的样子。用雨做形符，声符是“非”。“霏”跟“非”读音相同。

削　最初当装刀的套儿讲。用刂（刀当偏旁在右边，楷书写成刂）做形符，声符是“肖”。“削”跟“肖”同音。

忠　尽心尽力的意思。用心做形符，声符是“中”。“忠”跟“中”同音。

用“其”做声符的字很多，像“棋、祺、旗、麒”，都跟“其”同音；可是“期、欺”就跟“其”的声调不同，“箕、基”就跟“其”的声母不同了；虽然它们也都用“其”当声符。用“非”做声符，读音跟“非”相同的字还有“扉、菲、绯”，跟“非”声调不同的有“匪、诽、痱”，跟“非”读音差得很多的有“悲、裴、排”。用“肖”用“中”做声符的其他例字就不用再举了，读音有相同的，也有不同的，情形跟“其”“非”当声符的情形是一样的。这里讲的只想说明有些字的读音跟它的声符读音有的相同，有的不相同，这是由于古今语音变化结果形成的现象。

细心的读者看了上面举的“淇、霏、削、忠”四个例字之后，也许已经发现它们的形符和声符在字里的位置都各不相同。形声字的形符和声符位置的排列一共有六种：

上形下声	崑	芥	晨	鬃
下形上声	灸	膏	岱	裘
左形右声	柄	屿	裤	猿
右形左声	鹏	歌	颅	郊
内形外声	辫	闷	罔	衮
外形内声	圆	衢	匾	衷

“淇”是左形右声，“霏”是上形下声，“削”是右形左声，“忠”是下形上声。上面举的例子尽量挑选字音跟声符读音相同的字，但是第五类的例字不如另外五类的多，不容易找到更合适的。这里对第五类里的四个例字做一些说明：“辫”字的声符是“辡”，“辡”的读音是 biàn。“闷”的声符是“门”。“罔”的声符是“罓”，“罓”是“网”的楷书写法。“衮”的声符是“衣”，“衮”字的读音是 ēn(用微火煨肉焖肉的意思)。

“衮”字跟第六类里的“衷”字，从字的外形上看是一个类型的，都把“衣”分成上下两半儿，在它们之间加进一个部件造出一个形声字，不过它们的形符声符的位置恰恰相反。同一个形符在不同的字里可以处在不同的位置上，从上面举的“崑、岱、屿”这三个字里的“山”就可以看得出来。另外，虽然是同一个形符，但是因为在字里所在的位置不同，在楷书里却表现为不同的写法，比方上面举的“袭、裤、衷”里的“衣、衤、衣”就是；“削”里的“刂”和“江、河、淇”里的“氵”也是如此。声符的位置也自然因字而异，并不完全一样，像上面举的“淇、期、箕、基”里的“其”就是。又如“分”声符的字“芬、忿、粉、颁、掰”。

形声字的结构以“上形下声”和“左形右声”两种位置居多。宋朝有个人认为“左形右声”的字里的声中含有字义，而创“右文”说。

在《说文解字》里，形声字有7000多个，所占的比例最大。

转注

许慎对“转注”的解释是：“建类一首，同意相受。”他举的例子是“考”字和“老”字。“考、老”这两个字，许慎放在《说文解字》第八篇的“老”部里，对“考”字的解释是“老也”，就是“考”当“老”讲；对“老”字的解释是“考”也，就是“老”当“考”讲。这两个字在同一个部首里，许慎说的“建类一首”，所指的大概就是这种情形；“老”可以解释“考”，“考”可以解释“老”，这两个字的意思相同又互相注释，这种情形可能就是许慎说的“同意相受”。类似“考”和“老”这种情形的例子在《说文解字》还有，例如：

刑：刭也。从刀、幵声。}（四篇，刀部）
刭：刑也。从刀、巠声。

栩：柔也。从木、羽声。}（六篇，木部）
柔：栩也。从木、予声。

窾：空也。从穴、款声。}（七篇，穴部）
空：窾也。从穴、工声。

颠：顶也。从页、真声。
顶：颠也。从页、丁声。（九篇，页部）

这四对字，每一对都在同一部里，也都互相注释，为什么说它们跟"考""老"情形类似而不说相同呢？这是因为"老"字本身是个当部首的字，上面四对例子里没有这种情形。在《说文解字》里也有像"考：老也"这种用当部首的字解释同部字的，例如：

夥：齐谓多也。从多、果声。（七篇，多部）

黸：齐谓黑为黸。从黑、盧声。（十篇，黑部）

不过，《说文解字》里却没有用"夥"解释"多"，比方"多：夥也"；也没有"黑：黸也"这样用"黸"解释"黑"的话，这种情形就跟上面举的"A：B 也"、"B：A 也"不一样，因此就不能看成是转注关系。"夥"和"黸"都是当时齐（今山东）方言的说法。

过去研究六书的人，对转注的理解有的着重在字形的关系上，有的认为关键在字音上，还有的偏重在字义的关联，说法很多，意见分歧，没有一个一致的看法。六书里头的转注最难解释，不过它对研究汉字的大局并没有多大关系。

假借

许慎对"假借"的解说是："本无其字，依声托事。"他的意思是说，语言里有个说法，可是还没有一个专门记录这个说法的字，于是就借用一个跟这个说法声音相同的字来记录这个说法。如果说得简单点儿，可以说就是写同音字来代替；自然跟现在因为不会写某一个字而用个同音的来代替不同。下面举几个例字看看：

其　甲骨文写成，是簸箕的象形字。在说话的时候，有个说法无字可写，它的音跟“其”一样，于是就把“其”借来写这个说法。前面介绍甲骨文时附了个插图（图 1），那里面最下头一段是“贞不其雨”四个字（由上而下、从左到右），其中的“其”字就是借得来用的，因为在“贞不其雨”里，“其”根本不是也不该表示簸箕的意思。

然　本来是烧的意思，后来被借来表示“如此”，“对、是的”，“然而、可是”等意思。

亦　前头讲指事的时候已经说过，“亦”本来当夹肢窝讲，后来表示“也”的意思就是借了用的。

莫　本来表示“傍晚”的意思。前面介绍章草的插图（图 12）里，一开头那一句是“莫吞十一丸”，其中的“莫”字就当“傍晚”讲；如果理解成“不、不要”，那就不对了。“莫”当“不、不要”讲也是借用。

在前头讲象形的时候，举过“萬、自、能”这三个字，说现在都不大会想到它们是象形字，原因也是被借用了。

许慎解释了假借之后，举的是“令”和“长”两个例字。“令”字甲骨文写成，它本来的意思现在还不清楚。许慎在《说文解字》里对“令”字的解释是“发号”，从字的形体结构上看不出来发号的意思，发号大概不是“令”字的本来的意思。后来令作为县令的“令”用，说它是假借字，指的是这一层意思。“长”字甲骨文有写成的，表示头发很长的样子，用头发的长表示长（不短）的意思。当“县长”“长老”的“长”用，就是假借了。许慎举的这两个例字，过去有的学者认为举得不好，还有另外举例的。这是无关紧要的，可以不必多讨论了。

像上面举的“其、然、亦、莫、萬、自、能”这类字被假借出去用久了之后，它们原有的意思渐渐不明显了，甚至于完全被淹没了；或者还跟假借出去的意思势均力敌，原义并不消减，那么要表示它们原有的意思怎么办呢？那就只有另想办法造新字了。比如“其”的簸箕义不明显或者被淹没了，于是就造个“箕”字作为最初的“其”字用；“然”的旁边再加个“火”（原来那下面四点就表示火）造出个“燃”字，表示“烧”的意思；“亦”改造成“腋”；“莫”下再加个“日”成了“暮”字；“自”字之后造了“鼻”字。“萬”作为一种爬虫，“能”作为一种兽，后来造了什么字就不知道了。也有借不过来而为新意思另造字的，比方“狮”原来借用过“师”，在借用了“师”而没能彻底借到之后才造出来“狮”的；“芙蓉”曾借用过“夫容”。

三种造字法

汉朝的学者认为六书是六种造字的方法，看过以上的介绍之后，你认为它们都是造字的方法吗？“假借”最容易看得出来不是造字法。因为一个新意思出现之后没有表示它的字，就借一个跟它同音的字来写。被借过来的本来就是一个已经存在着的字了，被借之前是一个字，被借之后也还是同一个字，并没新字出现。既然没有出现新字，造了什么呢，什么也没有造。借跟造根本是两回事，怎么能说假借是一种造字法呢。再说“转注”，只不过是同一个部首里的意义相同可以互相注释的两个字罢了，这两个字是现成的，其中任何一个也不是转注的时候才造的，所以转注也明显不是造字法。这样，在汉字的造字法里就不应当认为有什么“转注”和“假借”这两种方法了。

在六书里去掉转注和假借，还剩下“象形”“指事”“会意”和“形声”。其中的“指事”可以讨论一下：许慎对指事的解说是“视而可识，察而见意”，从前半句“视而可识”的意思来看，跟“象形”的意思十分接近。许慎讲某些指事字的时候就常常说像什么形体，例如：“(亦)：人之臂亦(腋)也。从大，像两亦(腋)之形。”在(正面看的人形)的两只胳膊和躯干相连部分的下面用两竖指出来以表明腋那个位置，用的是“指事”法造的字；可是许慎却又说它像两腋的形状，这不是指事和象形接近而有纠缠吗？再看后半句“察而见意”，可以说跟“会意”的意思有相通之处。比方“母”字，甲骨文有写成的，金文有写成的，是由“女”字加上两个点儿组成的。两个点儿指在胸部，表示乳房，由此而出的乳汁是哺育子女的，因此就表示出“母”的意思了。从“母”字的构造方式上看，跟“亦”字没有什么差别，好像可以算作指事字似的，但是母字又不像亦字那样指什么地方就表示什么意思，却要转个弯子进一步领会它所要表示的意思。这样，就又可以算作会意字了。指事跟象形跟会意真是剪不断理还乱，过去的文字学家在划分指事、象形、会意的时候，往往有不一致的地方，有人就曾经说过指事字最难辨认。按照过去学者的统计，《说文解字》9353个字里，只有120多个指事字，所占的比例不过百分之一点儿。为120多个字立一类似乎没有多大意义；是不是这120多个字大家都一致认为确实是真正的指事字也还难说。像上面所说的指事字有跟象形字靠近的，也有跟会意字难分的，如果不为过去看成指事类的那100多个字立个类，而把它们分别分配到象形和会意两类里面去，大概也不成问题。这样，汉字的造字法就不是六种或者四种，而是三种了。还采用旧有的名称来说，那就是：1.象形、2.会意、3.形声。

两点说明

在创立六书的说法之前，人们创造文字的时候，头脑中根本就没有什么这个象形啊，那个会意呀等等想法。也就是说，绝不是先制订出一套造字的方法，然后再按照造字法去造字的。象形、会意等等是在造出了许许多多的字之后，对它们进行分析研究，归纳所得出来的。这是咱们应该注意到的。

另外，因为咱们现在对某些字的认识还不够，所以也就很难把它们解释得清楚明白，比方前面提到过的“令”字就是。或者勉强解释，可是众人并不同意这种解释。

古为今用

形声是最有创造力的一种造字方法，现在造新字的时候差不多都走形声这条路。例如：“氖、氚、氡、氨、氦”用“气”当形符表示它属于气体，用“乃、川、冬、安、亥”当声符分别表示读音；又如：“钇、钔、钷、铀、镶”，“胼、胩”，“醛、醚”等大都是化学家们创造出来的。非专业性的日常用字，像“躲、焖、甿、搞、唬、呗、嘛”也是历史不很久的形声字。“进、园、惊、态、钟、护”这些50年代公布的简化字，也是用形声的方法造的。方言里也有形声字，例如“您、枧、馕”。用会意的办法造的新字虽然也有，不过数量不多，远远不能跟新形声字相比。例如：“闩、丢、尖、歪、卡、汆”就是比较新而不是很新的会意字。最新的会意字是简化字里的“笔、灭、阴、尘”等。方言里的“甭、赠、冇”也是用会意办法造的。用象形办法造字是比较原始的，造新字的困难也很大，因此新的象形字几乎可以说是没有。比较新的是在宋朝人编的《广韵》里出现的“傘”字。现在简化成“伞”了，如果说最新的象形字，“伞”可以算一个，因为“伞”字仍然很像一把撑开来的伞。

第四章　楷书的结构

现在日常使用的是楷书，因此，人们学汉字都是从通行的楷书开始。在有其他需要的时候，比方学习研究考古、文物、古代史、文字学、书法、篆刻等，才另学楷书之外的某一种或几种字体。在最初学认字的时候，差不多都是记字的整个外形。许多小朋友在上小学之前，通过看图识字之类的读物，能认识不少字。这是因为同一些字反复见面，日积月累就记住了它们的面貌。他们认是认得，写就不一定行了，尤其是一些笔画比较多的字。这是因为看的功夫多，写的功夫少，或者干脆就没有学着写。对有些成年人来说，情况也是如此，会看可不一定都会写；写出来的不正确自然还得认为不会。

笔形

这个字那个字，成千上万个字是怎么分别开来的呢？因为它们各有各的样子，也就是说因为字形不同呗。是什么使得字形产生那么许多样子的呢？由于笔画的不同，就产生了许许多多个不同的字形。楷书是用笔画构造起来的，笔画是楷书形体的最小的基本单位。“笔画”在有的地方分开来说是一个意思，比如“一笔一画都要写清楚”，“‘大’字一共 3 笔”，“‘小’字共计 3 画”。不过在有的地方却不能分开来说而要连在一起说，比方“这个字只有 8 笔（‘笔’也可换用‘画’），笔画不算多”;“每个字的笔画都要写清楚”,“这个字笔画不算很多”,其中的“笔画”既不能说成“笔”也不能说成“画”。

说由于笔画的不同而使得字形不同,这话对是对,可是有点儿笼统。为什么这么说呢?因为:第一,笔画还可以分类;第二,同类笔画还有长短的不同;第三,笔画跟笔画的组合情形也不一样。

笔画不同,也可以指笔画的数目不同,比方“今”和“令”的不同是因为“令”比“今”多一笔,或者说“今”比“令”少一画。这种不同比较明显,容易看得出来。不过像“冷”和“泠”、“毫”和“亳”,如果不注意,也可能忽视那一笔之差。只要仔细认真一些,一笔都不放过,自然会区分得很清楚,这就不用多说了。

现在先举两个例字:“天”、“夭”。这两个字的笔画数目相同,每个字都是四笔。它们除了最上面的一笔不同之外,其余三笔都相同,只因为那一笔才使得彼此的面貌不一样。再比如“村”和“材”的笔画数目也相同,它们的区别也只在于中间的这一笔,前一个字是丶,后一个字是丿。从这里可以看得出来笔画形状的不同是造成字形不同的一个重要因素。笔画的形状叫做笔形,笔形有这样那样的区别,它们是笔画分类的依据。给笔画分类,对汉字的教和学都有好处。看这本书的读者可能会发笑,“天”上的一笔是“横”,“夭”上的一笔是“撇”;“村”和“材”是因为“点”和“撇”这两种笔画不同,所以使得两个字产生了差别,这还不好说吗。这话好说,是因为学了掌握了“横、撇、点”这些名称和它们所指的笔形。如果没有学过,就未必说得出来了。除了“横、撇、点”之外,还有哪些笔形,下面列个表,先说名称,再列笔形的样式,最后列出几个字,指明它在字里的例子。

名称		笔形	举例
点	短点	㇔	玄 斗 祥
	长点	㇏	六 达 杀
	俯点	㇀	米 采 曾
	竖点	丨	怕 点 刃
	仰点	㇀	病 壮 洮
横		一	上 王 挂
竖	粗竖	丨	木 陪 刊
	细竖	丨	十 年 部
撇	斜撇	丿	人 化 修
	竖撇	丿	井 见 辨
	平撇	㇒	乏 系 香
捺	竖捺	㇏	天 爪 氽
	平捺	㇏	之 是 延
提	长提	㇀	拉 子 刁
	短提	㇀	城 攻 敛
折	横折	㇕	丑 冒 片
	竖折	㇄	区 山 母
	撇折	㇜	台 乡 幻
	横撇	㇇	又 名 冬
	撇点	㇛	女 鄰 巡
	竖提	㇙	氏 顾 钱
	横折横	㇍	投 凹

续表

	横折提	㇊	语　鸠
	横折折撇	㇋	廷　及
钩	竖　钩	㇚	于　到　可
	弯　钩	㇁	乎　豕　狗
	横　钩	㇖	宫　饭　了
	斜　钩	㇂	式　戈
	卧　钩	㇃	心　必
	横折钩	㇆	刀　永　门
	竖弯折钩	㇟	毛　也　勉
	横折弯钩	㇈	乞　风　九
	竖折折钩	㇉	弓　鸟　朽
	横折折钩	㇌	乃　杨　阵

像“专”里的ㄣ，可以补到“折”那一栏里去，叫“竖折撇”；“凸”里的㇅，也可以补到“折”里，叫“横折横折”。因为这两个笔形出现的机会很少，一时找不到另外的字来举例，所以没有把它列到表里去。

上面列出了“点、横、竖、撇、捺、提、折、钩”八种笔形，除了“横”，其余每一种里又分或多或少的小类。分小类是为了说起来明确，写起来准确。既然如此，那干脆把“点、竖、撇……”的名称取消，只用小类的名称好不好呢？不好。没有大类的名称有时会让人感到太啰唆，在一定的条件下，只用大类的名称就够了，用不到那么细。比方“修”字右下方那三笔，说“撇、撇、撇”就可以了解的时候，总要比说成“斜撇、斜撇、斜撇”要好得多，不论对说的人还是对听的人都如此。大类名称里的“竖”也可以叫做“直”。小类的名称并没有统一的叫法，如果对它们改动，当然可以，上面列出来的那些作为参考就是了。

有的讲汉字的书上给笔形分的大类并不像上面讲的那么琐碎，只有“点、横、竖、撇、捺”五种。认为这是五种基本笔形，上面表里的“提、折、钩”是基本笔形的变体，把“提、折、钩”分别归到“点、横、竖、撇、捺”里去。这么处理也很好，是有一定道理的。比方“提”这个笔形几乎都出现在左边偏旁的末一笔的位置上，它们中间有些不当偏旁独立成字或者在字里处在别的位置上的时候，那末一笔就不写成“提”而写成“横”，像“孙”“城”“攻”“敛”的左半边独立成字就写成“子”“土”“工”“佥”，在“学”“垫”“贡”“脸”里也是“横”而不是“提”。楷书是从隶书演变来的，在隶书的写法里不仅“孙”“城”“攻”“敛”里的那一“提”写成“横”，就是“推”里的“提”也是“横”。“扌”在楷书里不能单独成字，也不能在字里处在别的位置上，所以上面没有提它。但是咱们举的“刁”字里的一“提”如果也认为是“横”的变体，那就不一定对了。有人认为“刁”字是从“刀”分化出来的，果真如此的话，那一“提”就该作为“撇”的变体了。“折”这个笔形可以说不外乎“点、横、竖、撇”里某两种的连写就是了。“钩”这个笔形呢，只是因为笔画的右边或者下边有个或者向左或者向上的小尖钩而分的类，从它的前身隶书写法来看，是可以分别归到“竖、撇、捺”里去。像“于”“乎”里的“钩”归到“撇”里，“宫”里冖的一“钩”归“竖”，“了”里的乛和亅两“钩”都归“撇”，“㇂”“㇃”“乚”都归“捺”。“刀”里的“𠃌”归“撇”，“永”“门”里的“亅”归“竖”等等。大类少一些显得简练集中，讲说的时候反正有小类可以指称区分。

给笔形分了类，各类也有名称了，这样在识字写字的时候有个说法来指称各个笔画，就会感到很方便。如果教别人，一边写一边说出笔画的名称来，既便于教又可以加深学的人的印象；不然就得说成“这样一笔，再这样一笔，……”效果就不那么好。

再说一下同样的笔形由于长短有别造成不同字形的情形。现在还是先举两个例字：“石”、“右”。这两个字的笔画数目一样，都是五画；这五画的笔形也相同，都是两横一撇一竖和一个横折。怎么会形成两个字的呢？关键在撇上，一个撇短，一个撇长。撇短的在上横之下是“石”字，撇长的冒出上横是“右”字。如果把长短弄颠倒了，“石”和“右”在有些地方的意思也就被弄混了。比方“石方工程”跟“右方工程”都讲得通，“石门”、“右门”都能说，“右面”和“石面”、“山石”和“山右”也都能说，把字弄混了意思跟着也会混。撇的长短造成字形区别的还有“刀”和“力”、“元”和“无”、“天”和“夫”等。其他笔形的例子就先不举了。

笔画跟笔画组合的情形不一样，也会造成不同的字形。先举两个例字：“人”、“入”。这两个字每一个字都是两画；它们这两画的笔形也一样，一个撇和一个捺；两个字里的笔画不论哪一笔的长短也两两相等。能够造出两个字的手段全在于笔画的组合搭配方式不同。就是这一撇一捺，如果这一笔不挨着那一笔，那一笔也不靠着这一笔，彼此之间保持一定的距离，这样就是个“八”字。如果采取一撇一捺交叉的结构，那就是“乂”字。这样四个字，只有“人”和“入”的字形最相似，搞不好就可能弄混了。“出人”和“出入”都可以说，“入口”和“人口”、“加入”和“加人”、“人声”和“入声”也都可以说，如果不把

"人"和"入"这两个字分清楚，就会把意思领会错了。像"本"和"未"、"土"和"干"、"庆"和"厌"也是因为笔画的搭配有差别而造成的不同的字。另外，像"防"和"邡"、"含"和"吟"、"另"和"加"、"杏"和"呆"，情形也一样，只不过笔画位置安排得不同的数目不止一笔就是了；同时，这几笔所组成的形体可以独立成字，比如"防"和"邡"里的"方"、"含"和"吟"里的"今"就是。正因为如此，平常也就说：把"防"字里的"方"搬到左边去成了"邡"字，这样说起来听起来都省事。

只记整个字的外形而不分析组成外形的笔画，所以就经常写不对或者写不出来，因为所记住的只是字的总体轮廓、大概的面貌，印象是模糊的。比方，咱们和别人家的孪生子接触得少，就分不清哪一个是大的，哪一个是小的，可是人家家里人却不会弄错了，这就是因为咱们没有掌握他们的细微差别，只认识面貌的大概轮廓。不仔细分辨笔画不光写不对，就是读也常常读得不对。因此，咱们对待每个字的笔画，特别是关键性的那一笔要十分仔细认真。

笔形的写法

一个从来没有见过别人写汉字的人，他如果写起来，困难是很大的。只有一笔的字是很少的，一笔以上的字就有个从哪儿下手的问题。笔画多结构复杂的字看上去更是眼花缭乱。拿两笔的"人"举例来说吧，先写哪一笔呢？告诉他：先写左边那一笔。"十"字呢？是先写横着的一笔。如果是个"日"字，方方的，更不知道从什么地方开始了；连笔画他都会这么计算：四个边是四笔也许是两笔或者一笔，再加上方框里一笔，一共是五笔或者三笔或者两笔。当他知道“人”字先写撇后写捺（他并不知道撇和捺这两个名称）之后，他也可能从下而上写撇，就像写英语字母草写的lh里的起笔那样；捺，可能是从左上到右下，不过也不能排除从右下向左上，因为有的民族文字就是从左向右写的。以上说的这些，包含两层意思：1.各种笔形的写法；2.字的笔画的顺序。

汉字笔形的写法基本上是从上到下，从左到右。从上而下的是“竖”，从左到右是“横”。其他笔形都有些倾斜，上下左右全沾得上：“捺”是从上到下同时又从左到右的典型；“点”里的短点、长点也是既上下又右左的笔形。“点”里的丶（俯点）和丿（竖点）的上下方向没有变，左右方向却变成了从右到左，“撇”是既上下又右左的代表。“点”里的㇀（仰点）上下方向变成了从下到上，左右方向没有变；“提”是下上左右的标准。前面讲过，“折”是其他笔形的联合体，这里就不说它了。“钩”里的那个小钩钩只有乛（横钩）从上到下，但是从右到左；其他的都是从下到上而且从右到左；钩的运行方向都跟引出钩钩那一笔的方向相对。下面列个表，可以看得清楚些：

	竖 丨	横 一	捺 ㇏ 点 丶	撇 丿 点 丶丿 钩 乛	提 ㇀ 点 ㇀	钩 亅 ㇃
上下	+		+	+		++
左右		+	+		+	
下上					+	+
右左				+		+

对笔形的写法掌握了之后，在学习写字的时候就知道笔画的运行方向了。比方写“人”字就不会出现面前说的那种跟常规

写法相反的情形了。

笔顺

写两笔和笔画更多的字（或者字的组成部件），先写哪一笔后写哪一画，再一笔一画接着写到末一笔把要写的这个字写成，一个字里每一笔的先后次序就叫做“笔顺”。

汉字的笔顺跟笔形的写法一样，基本上也是从上到下、从左到右。比方“丁”字，先写横，后写竖钩；“匕”字，先写竖折钩，后写撇。“丁”字的笔顺是从上到下，“匕”字的笔顺是从左到右。知道了“丁”的笔顺，像“了、工、之、亡、马”这几个字的笔顺也就可以无师自通了；掌握了“匕”的笔顺，像“几、久、心、以、州”这几个字的笔顺自然也可以触类旁通了。从上到下跟从左到右结合的，像“六、元、云”就是。从左到右和从上到下结合的，像“今、兮、兰”就是。掌握了“今”的笔顺和“心”的笔顺，“念”的笔顺也就不成问题；碰到“忘”字自然也不在话下。

以上所举的例字里没有出现交叉的笔画，因而交叉笔画的笔顺需要提出来讲一下。例如“十”这个字虽然不过只有两笔，可是同样也有个先写哪一笔后写哪一笔的问题。有人也许会这么想：这还不简单，不是说从上到下吗，“十”里的竖比横高出很多，高的在上，自然先写竖后写横了。不是这样。像“十”字这种正交叉的结构，是先左右后上下，先写横后写竖。竖被其他笔画穿过时，不论穿过的有多少笔，一般都是后写竖。例如“丰”字就是先写三，后写丨；“牛”字也是先写𠂉，后写丨；像“中、申、聿、羊、年、单”这些字里的正中那一竖也全都是最后的一笔。

如果换一个角度来看，由横出发的话，也可以说：横被其他笔画穿过时，一般都是先写横，不管横有多少笔。例子上面已经有了，不必重复。为什么上面也说一般呢，因为像“子”字里的那一横是在写完了“了”之后才写的。

以上讲的是正交叉，还有像“乂”“又”这样的斜交叉，这种交叉主要表现在撇和最后以撇收笔的折跟其他笔形的穿插上。“乂”是撇和捺的交叉，“又”是横撇跟捺的交叉，“义”是撇跟点的交叉，由水平的高度看，相交的两笔一般高。这样，就没法儿根据从上到下的顺序来决定先写哪一笔了。那就按从左到右的写法先写捺罢，因为捺的起笔在最左边。如果真这样写，就叫做“倒下笔”，也就是把笔顺颠倒了。斜交叉的两笔的笔顺是先写撇（或者是横撇）后写捺（或者是点），这跟从左到右的顺序正好相反。有一点要说明的是：像“戈、戊、戋、龙、彧”这类字里的撇虽然也跟其他笔画交叉，情形却跟上面所讲的不一样，穿过撇的那一笔显然比撇高出很多。因此，先写穿撇的笔画，写在它之后撇。

在前头讲笔形写法的时候，举过“日”的例子，要说这样一个方框框，如果没有见别人写也没人教，确实是难对付。如果按以上讲的“上下左右”一般规律来写，就该是从最上的那个横开始。果真如此，就不对了；再改成从左到右开始，先写左边一竖。第二笔呢？是最上面的一横。错了。第二笔应该是ㄱ，就是横折。哦！那么第一笔也该是竖折，写成㇗了，就像那个表里举的“母”字那样。这又不对了。“母”字，还有“毋”字里的⺆跟口不一样，⺆并不是个方框框，它的第一笔是㇗；方框框的第一笔是丨而不是㇗。“曰、四、目、国”这类写法的字都跟“日”或者方框框里没有笔画的“口”的外圈属于一个类型，虽然它们有的高些有的扁些、有的大些有的小些，可是四边都是互相接连着的，它们的外圈全都是丨、冂、口这样一种笔顺。像“尸、巳”这类字，其中有一部分也有点儿像口可又不是口，那该怎么写呢？它们的笔顺是：㇕、コ、尸（巳），最左边那笔最后写。

如果方框框里有笔画，是不是写好了方框框再写里头的笔画呢？不是的。先把方框框的第一第二笔写好，接着写放在里头的笔画，最后才写方框框的第三笔（也就是下面的一横）。这有个比喻的说法：“先进人，后关门”。举个“囚”字为例，它的笔顺是：丨冂冂冈囚。外圈是四边形、里头还有笔画的字，都像“囚”字那样的笔顺；另外有些字的外圈虽然不是四边形，可也是这种笔顺，例如“且、皿”跟“目、四”同样最后写最下边的一横。“𠃜”（眉字的上半部）、“巴”同样是先写完了コ之后，再写撇或者竖折钩。

跟上面那些字形略有不同的是一些三面包围式的字，像“冈、用、问、风、肉”等，它们的笔顺跟上面那些四面包围式的一样；只不过不关门就是了，因为事实上并没有门。至于像“区、匹、巨”这种缺口向右的字，一般是把ㄴ放到最后才写，这跟上面那种缺口朝下的字的笔顺不同。

以上讲的除了最后缺口向右的字之外，像“日、且、巴、冈”这类笔顺的，可以作为由表及里型来看。有少数缺口向上的字，例如“凶、幽、豳”的笔顺却是先写凵里面的笔画，后写凵。“齿”字下半部的“凶”也是这种笔顺。这可以叫做从里到外。

另外还有一种笔顺是：先中间后两边。像“小”字就是这种笔顺的代表；先写中间的竖钩，再是左一点，最后是右一点。“水、永、承、丞、办、亦、业”的笔顺也是如此；“丞”字的末一笔是下面的一横；“承”字里的三横处在中间部位，写完了“了”接着写这三横，然后是左边的㇇，再是右边的㇀，最后是㇏。字里头的“⺌”（例如“尚、尖”），“氺”（例如“泰、漆”），“⺗”（例如“忝、恭”）也是先写中间比较长的一笔，再分别写左边和右边的笔画，“燮、樂”（“乐”的繁体）的上半也是这样。

也有跟上面那种相反的笔顺，这可以拿“火”字来作为代表，它的笔顺是：先两边后中间。第一笔是左边的点，第二笔是右边的点，然后才是居中的一撇，最后是一捺。这种类型的字还有“半、坐、芈、臾”，字数不是很多的。另外，在字里的某个部分也有这种笔顺的，比方“卷”字里的“龹”、“畿”字里的“𢆶”就都是。

有些字的右上角那个位置上是个点，比方“戈、犬、尤、发、术”里的点，如果按从上到下的笔顺来说，似乎不应该把它放到最后，因为在它下面还有别的笔画；就说“戈”吧，下面不是还有一撇吗，可是历来都不是写了“弋”再加“丿”，那几个例字也不是先写成“尢、犮、木”再写别的笔画，而是写完了别的笔画最后才写右上角的那个点。“书、甫、求”也一样。“玉、寸、氏”里的点虽然不在右上角，同样也是在最末写点。

“厂”字这两笔看不出哪一笔高一点儿，是不是按从左到右的顺序先写撇后写横呢？不是。假使采取这样的笔顺，在写“广”字的时候，就是丶广广这么个次序了。这么写，不如丶亠广的次序顺手。那么，“厂”也该是先写横再写撇了。

最后讲一种跟从左到右正相反的笔顺，不过这跟前头讲的斜交叉的两笔不一样。这里要说的是“阝”和“卩”，它们并不交叉，可是写的时候却也是从右到左，先写㇌、㇆，后写丨。

笔形和笔形之间的笔顺大体上就像以上说的那些，其中主要的是：自上而下、从左到右、从外到里这三点。笔顺是多少年来许许多多人在写字过程当中慢慢形成的。经验越积累越丰富，多数人感到写起来顺手方便的，代代相传，久而久之习惯成自然，大家就都这样写了起来。也许有人在笔顺上有他的一种习惯，跟通行的写法不完全相同，只要他写起来顺手方便，速度快，写出来的字正确整齐美观，那也不必要求他改用通常的笔顺。咱们应该着重看写出来的效果怎么样，而不要把写的过程看得太重了。比方“女”字有的人先写一，再写㇛，最后写丿；可是也有人后写一，而用“㇛ 女 女”这样的笔顺，这都没有什么关系；从行书草书写女字的写法来说，后一种似乎要好些。咱们应该吸取前人积累流传下来的经验，听从真会写字的人的指导。有人编写出版过关于笔顺方面的书，对许多字一一举例说明，可以参考。

聚笔成字

在学习认字写字的最初阶段，差不多都采取一笔一画分析的方法，就像前面讲“人”字是“左一撇右一捺，撇压着捺”那样。当学的字渐渐增多之后，就会发现有些字里头有的部分其实就是个字或者像个字，于是就不再那样逐笔分析了；再分析的时候，能按部分分的就尽量按部分来分，因为这样比一笔一画那么分要省事得多。比方“合”字可以分析成“人、一、口，竖着写”，“交”字，“上头一个六，下头一撇一捺的乂儿”；“校”字，“左边一个木，右边一个交、交通的交”等等。知道了“人”字和“口”字的笔顺，对“合”字的笔顺自然就知道了；掌握了“六”字和“乂”的笔顺，对“交”的笔顺也自然没问题；“木”的笔顺弄清楚了，“校”字写起来也就顺顺当当了。

常用的汉字有好几千个，咱们不可能同时也不必要对每个字的笔顺都讲一下。因为就像上面所说的那样，在整个字形和最小单位的笔画之间常常可以找到像“人、一、口”之类的中间层，也就是前头曾经提到过的所谓部件。部件也是由笔画组成的，它也许是字，比如“六”，也许只是某种形体，比如“乂”。这样，在掌握了笔形的写法基础之上，再了解了笔形和笔形搭配的笔顺之后，对部件的笔顺差不多也就会了；像这样，许许多多个字的笔顺可以说也就基本上不成问题了。

在汉字当中，形声字占总字数的80%以上，这起码就可以把它们分成两个大部件；会意字也可以分成几个部件；即便是象形字，按楷书的写法来看，许多字也可以分成几个部件。用部件组合成字就有个组合方式的问题，通过对一些字的分析，组合方式可以归纳成三种：

上下结构：冒　盒　露　壶　篓　冀　翌　莒　叠

左右结构：收　枷　歌　诗　超　辫　偏　翘　洲

内外结构：回　网　匾　函　凰　囱　周　画　阈

这三种结构之中，上下结构和左右结构比较多，内外结构比较少。上下结构的字的笔顺自然就是从上到下写下来。但是其中的部件有的又是左右结构，那就按从左到右的笔顺写过去，比方“露”字可以分析成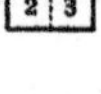，雨字头在上头先写，接下去写下

半部的“路”，它由左右两半合成的，就先写“⻊”再写“各”。如果进一步再分的话，“⻊”又是上下结构，“各”也是，除了初学写字，平常不这么细分；就是“露”里的“路”一般也不把它分成左右两半来看。“篓”字上头的“⺮”也可以分析成左右结构，下头的“娄”也可以分析成上（米）下（女）结构，通常也不这么细分。能一句话解释明白的，就不一定要用两句三句。雨字头下面一个路、走路的路；竹字头下头一个姓娄的娄；或者楼房的楼的右半边，能明白了就行了。要分三截说的像“冀”字就是个例子；本来也可以分成“北”和“異”两部分，“異”是“异”的繁体，现在就看作“田”“共”两部分。“叠”字可以分四层。

左右结构的字的笔顺也就跟笔画搭配的笔顺一样从左向右一路写过去。如果部件有上下结构的，自然是先上后下，比方“歌”字可以看成是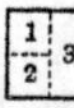，“哥”在左先写，它是上下两个“可”组成的，先上后下，最后写右半的“欠”。“傴”字里的“畾”既上下又左右。“哥”也可以不作两层看，跟前面讲的“路”“娄”情形一样。如果不把“州”当个整体看，“洲”字就要分成很多段。

在这里需要提出来说一下的是像“近”和“廷”这两类字的笔顺。用“辶”和用“廴”当部件的字，跟用“走”用“是”当部件的字，同样是左右结构型的，可是在笔顺上却不相同。用“走”当部件的字，比方“赵、趋、趣”都是先写“走”再写“㐅、刍、取”；用“是”当部件的字，比方“匙、韪、题”也都是先写“是”再写“匕、韦、页”。用“辶”当部件的字，比方“进、送、避”都是先写“井、关、辟”然后才写“辶”；用“廴”当部件的字，比方“廷、延、建”也都是先写“壬、正、聿”，然后才写“廴”。用“走”和“是”当部件的字的笔顺是从左到右，跟一般规律相合，可以用不着去记。用“辶”和“廴”当部件的字的笔顺却是从右到左的，跟左右结构的笔顺恰恰相反。在写这类字的时候要注意。

内外结构的字的笔顺，一般是从外到内，少数是从内到外，在前面讲笔形搭配的笔顺时已经讲过，这里就不重复了。

“壶”原是个象形字，现在可以分成“士、冖、业”上中下三部分，“門”这里用的繁体的写法，可以分成“门”和“门”左右两部分；如果用简体的“门”就不像象形字了。“函”原来也可以写成“圅”，从甲骨文金文来看，它是盛箭的皮袋子的象形字，现在可以分成“了、冫、く、凵”四部分。

有些字不大好分析出是由哪些部件组成的；或者虽然也可以分析，不过不大用，而且也不便指称，这样就干脆说笔形和笔形的上下的或者左右的排列方式。例如“凹、凸、冉”就不容易分出它们的部件；“丱、丌、互”勉强分析了，说起来听起来都不方便。类似这样的字，毕竟是少数。

至于说楷书的字形这个字何以用这么几个笔形如此安排，那个字为什么用那么几个笔形那样排列，这可以从比楷书更古老的字体那里找解释。也可能更古老的字体里并没有这个字。不过这对一般人来说，可以不必管它，只要弄清记准楷书的笔画写法就可以了。

第五章　汉字的读音

古今读音有变化

第二章里讲的是汉字字体的发展变化，有甲骨文、金文……隶书、楷书的不同，这是就形体方面说的。在字的读音方面是不是也有古今的不同呢？有。世界上的事物总是有变化的，语音自然也不例外。语音有变化，字音当然也就跟着变化。举个例子来说：

苕之华，其叶青青。知我如此，不如无生！

牂羊坟首，三星在罶。人可以食，鲜可以饱！

这是《诗经·小雅·苕之华》里的两章。前一章里第二句的"青"跟第四句的"生"在当时是押韵的，可是现在"青"的韵母是 īng，"生"的韵母是 ēng，变得不押韵了；后一章里第一句的"首"、第二句的"罶"跟第四句的"饱"在那时候也是押韵的，现在"首"跟"罶"押韵，"饱"跟"首、罶"不押韵了。《诗经》曾经由孔子删订过，那时候用的是战国文字。不只是字的形体跟现在不同，字的读音同样也有变化，跟现在不相同。

事实上语音总是在变化的，而字形可以很长时期不变。楷书在三国那时候已经相当成熟了，到现在还在用楷书，没有多少变化。可是那时候的语音跟现在的却有了差别，例如阮籍的《咏怀》诗第十七首：

独坐空堂上，谁可与欢者？出门临永路，不见行车马。登高望九州，悠悠分旷野。孤鸟西北飞，离兽东南下。日暮思亲友，晤言用自写。

这首诗原是“者、马、野、下、写”五个字押韵，可是现在却鼎足而三了。“马”跟“下”相押，“野”跟“写”相押，“者”跟它们都不相押。下面再看唐朝杜甫的《春望》：

国破山河在，城春草木深。感时花溅泪，恨别鸟惊心。烽火连三月，家书抵万金。白头搔更短，浑欲不胜簪。

这首诗原是“深、心、金、簪”四个字押韵，现在只有“心”和“金”相押，“深”是一个韵，“簪”又是另一个韵。杜甫距离今天已经一千二百多年，语音变化自然要大些。那么咱们看隔一个朝代的元朝关汉卿《单刀会》第四折开头的一支曲子：

大江东去浪千叠，引着这数十人驾着这小舟一叶。又不比九重龙凤阙，可正是千丈虎狼穴。大丈夫心别，我觑这单刀会似赛村社。

这支曲子在当时每句都押韵。可是现在普通话语音“叠、叶、别”相押，“阙、穴”相押，特别的是末一句应该押韵的“社”字，怎么跟前头两个韵相差得这么远呢？这正是因为语音发生了变化的缘故。关汉卿是七百年前的人，那时候的语音跟现在的同样也有差距。

以上说的是韵母。下面举例说明因为古今音变化使得声母发生变化的情形：

官：家　　恨：狭　　八：分　　铜：池

剧：棋　　宅：第　　凡：婢

声母相同的字叫双声字，例如“公共”“老练”“吩咐”“熟食”。前面举的那七对字在南北朝的时候，每一对都是“双声”的关系，现在普通话语音却没有哪一对字的声母相同，就都不是双声字。从这里可以看得出来字的声母的读音古时候和现在也同韵母那样不尽相同。

一个字的读音除了声母韵母之外，还有声调。概括说“声、韵、调”。古声调跟今声调也是有差别的，请看：

千山鸟飞绝，万径人踪灭。孤舟蓑笠翁，独钓寒江雪。

这是柳宗元的《江雪》诗。押韵的是“绝、灭、雪”3 个字，这 3 个字当时都属于入声调类。现在普通话语音“绝”属阳平，“灭”属去声，“雪”属上声。

以上所讲的只是说明字音从古到今也是有变化的。至于某个字在什么时期的读音是怎么样的，那要请教研究古代汉语语音的专家。咱们在上面举例时说现在的读法怎么样怎么样了，是按普通话语音说的，普通话语音是当今的标准音。在方言地区，情况可能就不一样了，比方“青”和“生”会是同韵的字，“官”和“家”的声母也会相同，“绝、灭、雪”还都是入声字。有的方言在某些语音现象上保留古音成分多些，可是在另一些方面跟古音的距离又比较大些，总而言之，没有完全相合的。拿一个方言跟古音比较，同样也能反映出古今音的变化。这是方言研究方面的问题，学有专攻，这里不去说它了。

同音字

文字是记录语言的，所以文字必定能读得出来；平常说一个字有一个字的念法，就是这个意思。每个字都有它的读音，是不是有多少个字也就有多少个音呢？现在常用的字有七八千个，那就是有七八千个音；加上不常用的字，总有几万个字吧，那就有几万个音，对吗？不对。

现在普通话有一千多个音节，不论是几千或者几万个字，它们的读音都超不出这一千多个音节的范围。这就好比一个学校里的学生都要进入教室，教室的间数是固定的，去年学生少，每间教室里学生数目就少些，今年招生多了，每间教室学生就多些。音节的数目比文字的数目少得多，音节数量固定不能增加。这样，就必然出现一个音节包含若干个字的局面，或者说若干个字共同使用一个音节。比方 chén 这个音节，按第 11 版的《新华字典》收的字来说，就有“臣、尘、辰、宸、晨、沈、忱、沉、陈、桭、谌、煁”12 个字；也就是这 12 个字共用一个音节。这 12 个字不论其中的哪一个都读 chén 这个音，它们的读音是完全一样的。读音相同的字从字音的角度来说就叫做“同音字”。像上面举的“臣、尘……谌、煁”就是同音字。

《新华字典》第 11 版收了一万多个字(包括异体字在内)，音节有一千多，如果平均分配的话，每个音节不应当像 chén 那样包含 12 个字，对不对？对。事实上它们不是平均分配的，有的音节里的字多，有的音节里的字少。比方在《新华字典》里，读 shì 的字有 42 个；读 lì 的字有 50 个；读 pēi 的字只有 4 个；读 hàng 的字只有 2 个；读 gén 的就只有“哏”1 个字；读 béng 的也只有 1 个“甭”字。因此，有的字有很多同音字，有的却很少，有的干脆就没有。

有的字不大常用，怕别人不知道它的读音需要注音的时候，现在差不多都用汉语拼音方案来注；为了照顾不会汉语拼音方案的人，有的书刊报纸还注上一个这个字的同音字，比方"忱（chén 陈）""谥（shì 事）"。在没有创造出拼音的办法之前，用同音字注音是很普遍的，这是同音字的用处。如果用来注音的字跟被注的字同样不会读，比方"寡"和"剐"都不认识，不论用哪一个注哪一个，还是不会读。只有用一般人都认识的常见的字去注不认识的字，才能起到注音的作用，不然注了还等于没有注。没有同音字的那就不用说了。利用同音字注音的方法例如："忱，音陈""谥，音事"，这有个名称叫做"直音"。

多音字

每个汉字都有它的读音，不过并不是一个字只有一个读音。固然绝大多数的字只有一个音，可是也有一些字不止一个读音。比方"发"字，除了读 fā 这个音之外，还可以读 fà；"爪"字除了读 zhuǎ 这个音之外，还可以读 zhǎo。一个字不止一种读音叫一字多音；可以有几种读音的字叫"多音字"。像"发"和"爪"就是多音字。

一个字虽然可以读这个音也可以读那个音，但是并不能随便读，读哪个音是有一定条件的，比方"发"字在"发现""发电""出发""暴发""三发炮弹"里只能读 fā，不能读成 fà；在"理发""白发""怒发冲冠""发型"里读 fà 不读 fā。"爪"字在"鸡爪子""猫爪子""锅爪儿"里读 zhuǎ；在"爪牙""张牙舞爪""前爪""鹰爪"里读 zhǎo。这是就着刚才举的两个字当例子说的。另外再举个例字看看："车"字有 chē 和 jū 两读，只有把象棋棋子上的“车”叫 jū，或者说跟下象棋有关的话时才管“车”叫 jū，比方“吃车”“用车将”“舍车保帅”“红车进二”之类里的“车”读 jū 不读 chē。除此之外，像“汽车、快车、车轴、安步当车、车载斗量”“车床、车得真圆”“车水”“老车同志”等里的“车”都读 chē 不读 jū。“我在车下面找到了车”里的前一个“车”是 chē，后一个“车”是 jū；“我把车忘在车上了”里的前一个“车”是 jū，后一个是 chē；“你车要丢”的“车”读哪个音，就要看说话时的环境了。从上面所讲的来看，多音字读哪个音要根据上下文和语言环境来决定。“发”当头发讲的时候才读 fà，当动词和量词用的时候一律读 fā。“爪”在日常用语里读 zhuǎ，在比较文气的书面语言里读 zhǎo。

多音字以一个字两个音的居多，读三个音四个音的也有，却比较少。例如：

参 cān 参加、参观　cēn 参差不齐　shēn 海参、人参

说 shuō 说话、挨说　shuì 游说　yuè 不亦说乎

差 chā 差别、差价　chà 差不多、说差了　chāi 出差、差遣　cī 参差不齐

着 zháo 着急、睡不着　zhāo 要花着儿　zhuó 穿着打扮、着重　·zhe 跟着、照着

它们的读音也是要根据上下文来做出判断的。在一定的上下文里，能够看得出来它的意思了，就容易决定选择读哪个音，这叫做“音随义变”，也就是字音的读法随着字义而变动。在念书的时候，口语性强的作品比较容易选择多音字的某一个读音，比方“参茸药酒”大概不至于把“参”读成 cān。书面语

里的词语就比较困难了，比方“参差不齐”的“参差”就是，“游说”和“不亦说乎”的“说”也是。“参茸”的“参”读成 cēn 的可能性大概极小，因为“参”读 cēn 的机会最少。

多音字出现在一些人名地名里最让人为难，因为不容易说出个什么道理来。例如山西省的东南有两个相邻的县，东边的是“长治”，西边的是“长子”，“长”字有 cháng 和 zhǎng 两个音，“长治”和“长子”里的“长”是都读 cháng 还是都读 zhǎng？不然就是一个读 cháng 另一个读 zhǎng。可是哪个县读 zhǎng 呢？原来“长子”的“长”读 zhǎng；“长治”的“长”读 cháng。还有，河北省有两个县，一个是“大名”，一个是“大城”。它们都用了个“大”字，不过读法却不一样：“大名”的“大”读 dà，“大城”的“大”读 dài。不同省的地名也有这种情形，“乐”字读 lè，也可以读 yuè，像四川省的“乐山”叫“lè 山”，浙江省的“乐清”县叫“yuè 清”。“乐”字也是个姓氏用字，如果看到这个姓，最好先打听一下再说，因为既有姓 lè 的，也有姓 yuè 的。人名用字也会出现多音字，像“乐”字就是，初次见到不知道怎么读才符合人家的称呼，也需要先问一声。按照当地传统的说法念地名、遵照人家的习惯称呼姓名，这叫做名从主人。

另外，在成语里也有些多音字，例如“暴虎冯河”里的“冯”字如果读成 féng 就不对了，这里应当读成 píng。“暴”字在“暴虎冯河”里读 bào，可是在“一暴十寒”里却不能读 bào 而要读 pù。“多财善贾”和“余勇可贾”里的“贾”都读 gǔ 而不读 jiǎ。“虚与委蛇”里的“蛇”不读 shé，“委”也不读 wěi，“委蛇”读 wēiyí。它们从古代流传下来，现在咱们还常使用，其中有些字保存古义，就要按表示古义的读音来读，而不能按现在通常的音去读它们。

像上面举的例子里的“乐”这个形体，在“快乐、乐园、乐此不疲”里读 lè，在“音乐、乐曲、奏乐”里读 yuè；“发”这个形体，在当动词和量词用的时候读 fā，在当名词用的时候读 fà；“长”读 cháng 时表示跟短相反的意思，读 zhǎng 时表示跟幼相反的意思，等等。严格的说，这种情形不能认为一字多音，它们实际上应当作为两个字看待。“快乐”的 lè 跟“音乐”的 yuè 在音和义两方面都不同，只不过字形相同就是了；如果给它们起个名字的话，可以叫做“同形字”。

异读字

如果找一本建国初期编的或者新中国成立前出版的字典来查那上面的“法”字，它们可能给“法”字注了 fā、fá、fǎ、fà 四个音，“没法儿”的“法”读 fā，“想法子”的“法”读 fá，“法律”“方法”的“法”读 fǎ，“法国”的“法”读 fà。按说还应该加一个读轻声的 fa，像“你有什么想法？”“这是我个人的看法”里的“法”就读轻声。可是“没法儿”的“法”给注成 fá，“法国”的“法”给注成 fǎ，也不算错。同样意思的同一个形体的字，既可以这样读又允许那么念的就叫做“异读字”。像“法”这样一个字能有五个读音的字是不多的；有两种读法的字却不少，例如“波浪”“风波”的“波”bō 和 pō 随便读；“办公室”“教室”的“室”读成 shǐ 或者 shì 都可以；“理发”“发型”的“发”可以读成 fǎ，也可以读成 fà，“解剖”“剖析”的“剖”愿意读 pōu 还是读 pǒu 全都对。这类异读完全是多年习惯形成的。另外，比方“打更”“三更半夜”的“更”有 gēng 和 jīng 两种读法；“牛皮癣”“癣药水”的“癣”有 xuǎn 和 xiǎn 两种读音。这类异读属于读书音和口语音的差别。

不论是因为习惯读法形成的异读还是由于读书音和口语音不同出现的异读，一个字这么读或者那么读并没有区分意义的作用，这跟“乐”字读 lè 是一个意思，读 yuè 又是一个意思的情形不同，这才是一字多音呢，像这样的一个字而有几种读音实在没有什么必要，起码给教学就带来许多麻烦。正因为这样，在近些年编印出版的字典词典上，“法”字就只有 fǎ 一个音，“波”字只读 bō，“室”字只读 shì，“理发”的“发”字只读 fà，“剖”字只读 pōu，“打更”的“更”字只读 gēng，“癣”字只读 xuǎn。这些都是普通话审音委员会在 1957 年审订公布的。既然问题已经解决了，为什么还要提这些呢？了解一些过去汉字字音上的问题，如果查从前的老字典，对它给某字注的音就不会感到奇怪了；同时也可以知道一个字可以读不同的音在哪种条件之下才是真正的一字多音。

解决读不准的办法

普通话语音是现代汉语的标准音，有的人普通话掌握得还不够好，在说话或者朗读的时候因为受方音的影响，有些字音往往跟标准音有距离，也就是一般说的有口音、口音重。各地方言跟普通话的差别有的大有的小，表现在语音上情形也各有不同，比方“金”和“鲸”的读音在普通话里是有 jīn 和 jīng 的区别的，可是有的地区就没有分别。有的地区把“伸出食指”说成 sēn cū sí zǐ，或者把“四十三”说成 shì shí shān。有的地区把“牛奶”说成 liú lǎi，或者把“留兰香”说成 niú nán xiāng。“金”和“鲸”读音不分的人，可能把它们都念成 jīn 或者都念成 jīng。如果这两个音都有，一会儿读 jīn 一会儿又读 jīng，那就是不分-in 韵和-ing 韵。像上面举的该是 zh- ch- sh-声母的读成了 z- c- s-声母，反过来，该是 s-的却又读成 sh-，这是 zh- ch- sh-和 z- c- s-两组声母相混；该是 n-声母的读成 l-声母，反过来，该是 l-声母的却读成了 n-声母，这是 n-和 l-不分。因为混而不分，在方言地区，普通话说得不标准的人对哪些字该是这个韵还是那个韵，或者不是这个声母而应该读那个声母，往往是学一个字记一个字，一个个记，的确很不容易。

自己方言读音不符合标准音的一些字，要改得合标准是不是都要一个一个死记硬背呢？这倒不一定，有的字要单个儿记，有的字可以成串成串的记。比方-in 韵和-ing 韵不分的人在记“金”该读 jīn“鲸”该读 jīng 的时候，可以从“鲸”字下手。咱们平常通过播音经常听到“北京”的 jīng 这个字音，接触“北京”用汉语拼音写出来的 Běijīng 的机会也比较多。对“京”字读 jīng 的印象深，容易记住。记住了“京”是-ing 韵的字，再记“鲸”也是-ing 韵的字就不困难了，因为“鲸”字里有个“京”，用“京”当声符（“鱼”是形符）。另外，“惊”“景”“獍”“黥”“勍”也是用“京”当声符的，它们也是-ing 韵字。“鲸”字和“金”字的读音不同点在于-ing 和-in 这两个韵母上，既然掌握了“鲸”字的韵母是-ing，“金”字的韵母也就可以知道是-in 了。记住“金”的韵母是-in，像用“金”当声符的“锦”“钦”“崟”“捡”“唫”这些字也都是-in 韵字；“鑫”也是-in 韵的字。记住了“钦”的韵母是-in，也就可以帮助记“嵚”和“撳”的韵母也是

-in了。像这样不是可以成串儿记吗？上面举的“捦”字是“擒”字的一种写法。《说文解字》说“金”“禽”都是用“今”表音的字，只不过楷书的写法看不出来了。既然“金”是-in韵字，而“捦”跟“擒”又相等，那么“禽”本身以及用“禽”表音的“檎”和“噙”的韵母也都是-in就容易记住了。“唫”字是“吟”字的一种写法，因为“金”用“今”表音，所以“唫”跟“吟”相等。既然用“今”表音的“吟”字是-in韵字，那么“今”字一定也是-in韵字了。“衿”“矜”“衾”“琴”“芩”这几个字的韵母也都是-in，因为它们都用“今”当声符。“衿”字的一部分意思跟“襟”相通，在这样的情形之下，可以写成“衿”也可以写成“襟”，也就是“衿”跟“襟”相等。既然相等，“襟”字的韵母也一定是-in。“襟”用“禁”当声符，那么“禁”和“噤”一定也是-in韵字了。“矜”字有guān、jīn、qín三个读音，在读qín的时候，跟“𥠖”字相等，音和义都是一样的，这样也就可以知道“堇”以及用“堇”表音的字的韵母是-in了。

现在把第6版《现代汉语词典》里-in韵和-ing韵跟l-声母相拼的字分别排列在下面：

	lin	ling
阴平	拎	
阳平	邻（鄰、隣）粼嶙遴潾驎 璘辚磷（燐、粦）瞵鏻 翷鳞麟（麐） 林淋霖琳啉綝箖 临	○ 凌裬菱棱鲮陵绫㥄 令泠羚零澪玲苓聆瓴龄囹蛉笭铃 伶舲鸰翎坽姈柃昤 灵（靈、霝）棂（欞、櫺）醽酃
上声	凛廪懔檩 菻	令岭（嶺）领

续表

去声	淋 吝 蔺躏 赁 膦	另 令呤

可以看得出来，在 lin 里可以归纳出“粦”“林”“禀”三个作为代表，在 ling 里可以归纳出“令”“夌”“霝”三个作为代表。把它们记住了，读 lin 和读 ling 的绝大多数字就能分辨开来了。其中只有“邻”字是个特殊分子，左半边是“令”，可是不属于-ing韵却归-in 韵。其实邻是“鄰”（也可以写成“隣”）的简化字，如果看“邻”的原来面貌，里面还是有个“粦”，跟读-in 韵是相合的。用“邻”来作为“鄰”的简体，一定是-in 韵和-ing 韵不分的人创造出来的。如果再记住“临”“吝”“蔺、躏”“赁”是-in 韵的，“〇”“灵、棂”“另”是-ing 韵的，就把所有的 lin 和 ling 都解决了。

也可以只记上列的字里有“令”“夌”“霝”的都读-ing 韵，再加上“〇”“灵、棂”和“另”也是-ing 韵的，其余的字的韵母都是-in，这样就更省事一些。其实“灵、棂”的繁体里都有“霝”；“〇”是“零”的一种写法，“零”里有“令”，这三个字是-ing 韵字也就容易记住了，需要特别记的只有“另”字。

下面举几串儿读-in 韵的例字：

宾滨镔傧槟缤鬓殡摈髌膑嫔——宾

民珉苠岷泯抿笢——民

斤钘近靳芹忻炘昕欣圻断——斤

堇廑谨瑾槿馑僅(仅)墐殣勤慬鄞——堇

侵骎寝锓浸祲——𠬶

因洇茵铟氤姻骃细——因

读-ing 韵的例字：

丙炳柄昺邴蛃病——丙

𢀖泾茎经颈刭痉径弪迳轻氢陉娙——𢀖

冥溟蓂榠暝瞑螟——冥

平评坪苹泙玶枰蚲鲆——平

青清圊蜻鲭情晴赌箐请氰凊倩碃箐精菁睛䴖鹒腈靖静靓婧——青

婴璎蘡樱撄嘤鹦缨瘿——婴

莺荧莹茔萤营蓥萦荥〔蒸〕——𫇦

前面把-in 韵和-ing 韵跟 l-声母拼出来的字怎么分辨的办法介绍了一下，那是从字形上想的办法。下面再来看看这两个韵母跟 n-声母拼出来的字：

	nin	ning
阳平	恁您	宁（寧、甯、寕）髩苧聍柠拧咛狞凝
上声		拧
去声		宁泞拧佞甯

因为阴平没有字，所以不必列个栏目。从上面所列出的字来看，可以知道-in 韵跟 n-声母相拼的只不过是"恁"和"您"两个字，其余的字全都属于-ing 韵。要分辨 n-声母跟-in 韵和-ing 韵拼成的字，只要记住"恁"和"您"读 nín，其余的字没有读-in 韵的就行了。"恁"字读 nín 的时候，跟"您"相等，而且只在元曲之类的书上使用。"您"字是个北京方言进入普通话里的

字，许多方言地区的人都不会说。如果从这个角度来说，可以认为-in 韵母不跟 n-声母相拼。有意思的是-in 这个韵母也不跟 d-和 t-这两个声母相拼。这样，当碰到“丁”“叮”“盯”“钉”“顶”“鼎”“定”“碇”“订”和“厅”“汀”“听”“亭”“停”“廷”“庭”“挺”这类字的时候，就可以放心大胆读成-ing 韵。这是从语音结构上想的办法，像这样记不是可以一记一大片吗。

前面讲到有的人 n-和 l-这两个声母不分。从上面介绍 n-和 l-跟-in 和-ing 相拼的例字里也可以找出一些分辨 n-和 l-的办法：字里含有“粦、林、禀、令、夌、霝”的读 l-声母，字里含有“宁”的读 n-声母。

下面举几串儿读 n-声母的例字：

内衲呐钠肭纳讷——内

兒麑霓輗蜺倪鲵猊婗齯睨——兒

尼泥怩坭呢铌旎昵伲妮——尼

妞忸杻扭钮狃纽——丑

农浓酞哝秾侬脓憹——农

奴孥驽笯砮帑弩努怒——奴

读 l-声母的例字：

阑澜斓谰襕籣镧蘭(兰)欗(栏)攔(拦)爛(烂)——阑

留溜熘瘤遛榴镏鹠飗馏骝瑠蹓罶——留

龙泷珑茏聋栊砻咙昽眬笼胧垄拢优陇舭——龙

卢泸垆栌颅轳胪舻鸬肪鲈纑铲——卢

录渌禄逯琭菉醁碌睩㭉箓錄騄绿——录

罗逻椤萝椤啰锣箩傈猡锣——罗

这些例字也是从字形上想的办法来分辨哪些字是 n-声母，哪些是 l-声母字。

另外也可以从字音上找出一些分辨的办法。比方-un 韵跟 n-声母拼的只有“黁”一个字，它又是现在几乎用不着的；这样，就可以毫不犹豫把“抡”“仑”“沦”“轮”“伦”“纶”“埨”“论”等字读成 l-声母。再比如-eng 韵跟 n-声母相拼的只有“能”这个字，碰到“棱”“楞”“冷”“愣”等字就可以不用多考虑，读 l-声母是一定不会出问题的。

方言跟普通话的差别，各地区不一样；各人对字音方面的难点也不一样。以上所介绍的只不过是举例性质的，供读者参考。如果对某些字的普通话读法还没有完全掌握好，自己针对个人的情况，自己动手找些帮助记忆的办法，印象会深得多。要想说得流利，主要的还得张嘴多说，熟才能生巧。

第六章　汉字的字义

在汉字之中有些字，比方“蝴、玻、徘、尬”，单独出现的时候就讲不出来它们的意思。因此，它们是不能单独使用的，总要分别跟和它们有关系的字组合起来才有意义，比方组成“蝴蝶”“玻璃”“徘徊”“尴尬”。也就是说“蝴”字离不开“蝶”字，“玻”字不能离开“璃”字，“徘”字总得跟着“徊”字，“尬”字一定要和“尴”字同时出现，《新华字典》是字典却把它们排列在一起再解释的。但是咱们可不能倒过来说“蝶”字离不开“蝴”字，“璃”字不能离开“玻”字。因为“蝶”字是可以离开“蝴”字使用的，像福建省地方歌舞有个叫“采茶扑蝶”的节目，“扑蝶”说的就是“扑蝴蝶”。“扑蝶”可以说，“扑蝴”就不能说。“璃”字能离开“玻”字跟“琉”字组合成“琉璃”；“玻”字只有跟“璃”字组合这一种可能，既不能单用也不能跟别的字组合。“徊”字有 huái 和 huí 两个读音，假使读 huí 时如“低徊”，就不跟“徘”组合。“尬”字离不开“尴”字，“尴”字同样也离不了“尬”字，一定要成对儿同时出现。不过“尴尬”这两个字的前头却可以同时分别加上“不”字，说成“不尴不尬”，而不是靠得紧紧的。像“蝴、玻、徘、尴、尬”这类单独一个字就不好解释的字，在全部汉字当中占的数目很少很少。绝大多数的字单个儿都讲得出来它们的意思，像“天、地、人、日、月、星、马、牛、羊、草、木、花、衣、食、住、跑、跳、走、左、中、右、酸、甜、苦、辣、咸、个、

十、百、千、万、一、三、五、七、九”等等就都是。字义有变化吗？有。

字义的扩大

汉字从古到今不仅字形有变化、字音有变化，字义同样也有变化。比方“衣”字，现在的含义跟《诗经》那个时候的含义就有所不同，像《诗经》里说的“绿衣黄裳”指的是绿颜色的上衣黄颜色的裙子，穿在上半身的才叫“衣”。现在说的“穿衣吃饭的问题”“丰衣足食”“游泳衣”用的还是同样的“衣”字，不过所指的就不只是上半身穿的了，裙子、裤子都包括得进去，现在“衣”字范围显然比《诗经》那时候扩大了。这种情形就叫做字义的扩大。下面再举几个例子：

河　最初只管现在称为“黄河”的这条水叫做“河”。现在说的“河西走廊”“河套地区”里的“河”指的就是黄河而不是别的什么河。后来许多水道名字后头也有用河字指称的了，例如“淮河、汾河、辽河、大渡河”。哪怕是一条不很大的水道，如果不知道它的名字，也可以管它叫做河，这样的河当然不是古人所指的那条河。像“蹚水过河”“常在河边站，哪能不湿鞋”里的河就是泛指的了，说任何一条河都可以。

江　本来专指现在所说的“长江”。现在说的“塞外江南”“江防”“江北人”里的“江”就是指“长江”说的。后来叫这个江那个江的水道很多，比方“湘江、珠江、松花江、乌苏里江”。然而像“江河湖海”“江轮”“过江”里的江就不一定是指长江说的，也不一定是指哪一条江说的。

脸　本来只把眼睛以下鼻翼以上的部分叫做“脸”。现在把从额到下巴以及两耳之前这么一个范围（自然包括眼睛以下鼻翼以上的部分）叫做脸。“脸”字现在所指的范围比当初要扩大了很多。

购　本来是用重赏征求或者出大价钱收买的意思，所要得到的东西往往不是商品。现在说的“采购”“收购”“邮购”“认购”“购销两旺”里的“购”就是“买”的意思，所购买的东西都是商品，所花的钱不一定很多。

射　最早只管用弓或弩把箭或弹丸发送出去叫“射”。发明了枪炮之后，用它们把枪弹或炮弹发送出去也叫“射”。像“点射”“扫射”“高射炮”里的射指的就是发射枪弹或炮弹。

字义的缩小

还有一种情形跟上面讲的正好相反，字的意义所指的范围比原来缩小了。比方《韩非子·说林上》的“卫人嫁其子”，如果咱们把它解释成卫人嫁他的儿子，那就成为笑话了。因为女子结婚才叫嫁，怎么这里的子也说嫁呢？现在，“子”只指儿子，比方“次子”指的是第二个儿子；可是“子”在古代既可以指儿子也可以指女儿，“卫人嫁其子”的“子”说的是女儿，并不是儿子。“子”字的意思在这一点上现在比过去不是缩小了吗？下面再举几个例子：

臭　原来不管是难闻的还是好闻的气味都叫“臭”。“其臭如兰”是说它的气味像兰花，兰花是香的，可见古代的“臭”字不像现在只指难闻的气味。现在说空气是无色无臭的气体，还用“臭”字的原义。不过这里的“臭”要读成 xiù，为的是跟香臭的臭读 chòu 区别开来。

金　金、银、铜、铁、锡、铅等金属原来都可以叫做“金”。在“冶金工业”“合金”“金工”里的“金”就是泛指的，什么金属都可以。后来像“金戒指”“金笔”“金币”“淘金”里的“金”就只专指黄金。

寡　古时候不限于妇女死了丈夫或者年纪很大了还没有丈夫叫做寡，就是男子死了妻子或者根本没有妻子也叫做寡。现在只有妇女死了丈夫才叫做“寡”“寡妇”。

禽　在过去“禽”是鸟兽的总称。例如据说是华佗模仿虎、鹿、熊、猿、鸟的动作创造的一套锻炼身体的体操叫“五禽戏”；被模仿的虎、鹿、熊、猿，现在就不能称为禽，起码在三国那时候不管是天上飞的还是地上走的都叫禽。现在“禽”只指鸟类，比方“飞禽走兽”就分开来说了。

瓦　现在只把铺盖屋顶用的烧制成一片一片的或用石棉制成大块的建筑材料叫做瓦。但是在古代凡是用泥土烧制成的器物都可以叫做瓦。生女儿在过去有个比较文气的说法，叫做“弄瓦”；其中的“瓦”字指的是纺锤，纺线织布是女人干的活儿，古代的纺锤是用泥土烧制成的。

字义的转换

另外还有一种情形，一个字在从前表示那样一个意思，现在却表示这样一个意思。比方《韩非子·五蠹》里有一句：“兔走触株，折颈而死。”其中的“走”字，不是现在的“走”的意思，而应该当现在的“跑”讲。那只兔子如果是走的话，碰到树桩子上也不至于碰断了脖子死掉；跑的速度比走要快得多，猛跑起来的冲力就更大，这样才会触株折颈而死。成语“走马观花”里的“走”也是跑的意思。这种情形叫做字义的转换。也许有人要问：现在咱们说的“走”这个意思，在古代用的是哪一个字呢？用“行”，比方“复行数十步”“行行重行行”就是。现在的“步行”“夜行”“人行横道线”里的“行”正是“走”的意思。普通话虽然不把“行”当作“走”来说，可是广州人却把“走”说成“行”。下面再举几个字义转换的例子：

兵　本来指的是“兵器”。比方“坚甲利兵”“短兵相接”里的“兵”说的就是兵器。现在的“兵”字一般都当“士兵”讲。

股　本来当“大腿”讲。比方“锥刺股”说的是用锥子刺大腿。“股”字现在一般当量词用，比方“一股清香的气味”“三股花线”“一小股敌军”。

木　最早是现在的“树”的意思。比方“草木皆兵”“十年树木”“独木不成林”里的“木”都当树讲。现在“木”一般当“木头”“木材”“木料”讲。

树　上面引了“十年树木”，其中的“树”是“栽培、培植”的意思，“百年树人”的“树”也是栽培的意思，这是它最初的含义。现在“树”指的是木本植物。

捉　本来是当现在的“握、持”讲。比方在“捉刀”“捉襟见肘”里的“捉”就是这个意思。现在当“捕”“逮”讲。

注意字义的变化

字义的变化主要情况就像上面所介绍的那些。咱们在读古汉语作品的时候，应该想到字的含义从古到今基本上是有变化的。像上面举的那些例字，现在常常使用，可是在古时候它们的意思跟现在的意思并不完全相同，如果用现在的讲法去解释古代的作品，结果不是讲不通就是讲得不对，比方《史记》里有“收天下兵，聚之咸阳，销以为钟、镓、金人十二，重各千斤，置廷宫中。”这么一句话，其中“收天下兵”的“兵”，如果解释成“士兵”，那就不成话了。因为下文说到“销”（“熔化”的意思）和做“钟、镓、金人”，对士兵用不上“销”这样的说法，这是一；即使士兵可以熔化，那也不可能用熔化了的士兵做钟、镓和金人，这是二。碰到这种情形，咱们不要忘了字的意思往往有古今的不同。咱们已经知道“兵”在古代可以当兵器讲，戈、矛、刀、剑、箭头儿是金属制成的；“销”用到金属上才合适，熔化了的金属也才能够改制成钟啊镓呀之类的东西，因此“收天下兵”的“兵”应该解释成“兵器”。“钟”“镓”之后的“金人”是用黄金铸造的吗？不是的。怎么知道的呢？因为十二个金人是用熔化了的兵器铸造的，制造兵器没有使用黄金的，兵器熔化之后不会变成黄金，金人自然就不会是黄金铸造的了。再说，每个金人重 1000 斤，十二个就是 12000 斤，用 12000 斤的黄金铸十二个金人好像也不大合情理。“金人十二”的“金”指的是金属，这在前面也讲过了。

现在常用的一些成语里的某些字，还保存着比较早期的意思，那也不能按照现在的意思去解释，在前头已经举过几个例子了。这里再举“百足之虫，死而不僵”这个例子谈一下：百足之虫，指的是长得有很多只脚的虫子；百在这里表示数量很多，并不是真的十乘十的积。《本草纲目》里说“马陆”（一种虫子的名称)又叫“百足”,有人拿这个做根据,认为“百足之虫”就是“马陆”。这没有多大关系,且不去管它。关键是“死而不僵”的“僵”应该怎么解释。“僵”字一般当“硬,僵硬”讲;有些书上就按照这个意思把“死而不僵”解释成“死了可并不僵硬”。虫子死了之后都会渐渐发硬的,是不是唯独长了很多只脚的虫子死后永不僵硬呢?大概并非如此。如果真的也会发硬,为什么要这样说呢?其实原来这样说的人并没有错,而是咱们理解得不对了。问题是不应当把这里的“僵”字讲成僵硬。本来“僵”字当向后面倒下来讲,当初是说长了许多只脚的虫子死了之后可并不倒下来。为什么倒不了?因为有很多只脚支撑着它的躯干;并不是脚很多很多的虫子死了不僵硬。

字义的引申

字义除了以上所讲的三种变化之外,另外还有一种情形,就是意义的发展引申。最初有一个东西要记下来就造一个字,有个动作或者有个什么意思要记录,也造字。后来有了新的意思也要写下来,可是不容易再另造新字了,怎么办呢?找个跟这个新意思在意义上有联系、在说法上声音相同的现成的字来记录。这样,那个现成的字在它最初已经具有的一层意思之外就增加了另一层意思,如果再一次出现这样的情形,那个字就再增添一层意思。比方当初为了把“水不深”这个意思记录下来造了个“浅”字。后来要表示学问、意见、功力方面的不深,也用这个“浅”字,像“才疏学浅”“浅见”“花拳绣腿热闹,实际功夫很浅”里的“浅”就是。内容不深、容易理解也用“浅”字,例如“三年级讲这些是不是太浅了”。东西的上下距离或者从里到外的距离不大也用“浅”字，例如“这个坑太浅”“这排房间的进深不算浅”。感情不深厚也用“浅”，例如“我们交情还浅，怎么好向人家借钱”。颜色淡，说“这个色儿嫌浅”；表示时间短说“这个瓷瓶年份浅，够不上清初的”也都用“浅”字。这些意思虽然跟“水”的深度没有关系，可是跟“不深”有联系（同时在说法上跟“浅”字的音也一样）。“浅”字最初的“水不深”这层意思，一般叫做“本义”；后来发展出来的意思叫做“引申义”。

字义的引申看起来好像跟前面讲的字义的扩大有些差不多，实际上它们还是有所不同。例如“脸”字，现在的解释所指的范围比原来所指的要大得多，现在的范围包括了过去的范围，过去的一点儿也没有减少，这是扩大。可是像上面举的“才疏学浅”“色儿嫌浅”那些例子里“浅”字的意思并不包含“浅”字原来当“水不深”讲的意思，它们只是从“不深”这一点上引申而来的，跟“水”完全不相干。

区别字

在前头第三章里讲过六书里的假借，用“莫”字举过例。它本来表示“傍晚”的意思，这是“莫”的“本义”。后来被假借作“没有谁”“没有哪一种东西”和“不”以及“不要”讲，这些都是“莫”字的“假借义”。因为假借义的“莫”字使用出现的频率高，为了避免误会，就另造了个“暮”字表示傍晚的意思，这样就可以跟表示“没有谁”“不要”那些意思的“莫”区别开来。“莫”是“暮”的“本字”，“暮”是“莫”的“区别字”。又例如“然”字的本义是“烧”，在被假借作“对、是的”和“如此”以及“可是”

讲之后，就另造了个“燃”字表示“然”字的本义，把那些假借义全放到“然”字身上，“然”和“燃”各表示各的，进行了分工。“然”是“燃”的本字，“燃”是“然”的区别字。有的古书上有的字用的是本字，比方《诗经》里“不夙则莫”的“莫”，《三国志》里“夜然脂照城外”的“然”，就应该按照它们的本义来理解，如果用它们的假借义解释，那就讲不通。

假借义跟本义一点儿关系也没有，跟本字除了借用的关系而外也没有什么内在的联系，跟字义的扩大和引申的情形完全不同。

通假字

另外还有一类字，在一定的上下文里也不能用它通常的意思讲解，情形跟以上所讲的都不一样。举个例子来说，《列子》里有一句是：“寒暑易节，始一反焉。”《史记》里有一句是：“自怀王入秦不反，楚人怜之至今。”这两句里的“反”字，都不能当“适得其反”“易如反掌”“反封建”“反击”里的“反”讲，这两句里的“反”字应该当“返、回来、返回”讲。本来是该用“返”字的，可是当初写书的人却用了个“反”字。这种用法的“反”字，跟“返”字是“通假”的关系，“反”对“返”来说，叫做“通假字”。从这个例子看，“反”字比“返”字的笔画少了几笔，是不是为了写起来方便些而产生通假字的呢？不是的。《史记》里的“居幕北，以为汉兵不能至”和“是后匈奴远遁，而幕南无王庭”，其中的“幕”字是“漠”（指的是沙漠）的通假字，“幕”跟“漠”的笔画一样多。《史记》里的“旦日不可不蚤自来谢项王”和《论衡》里的“颜渊蚤死，孔子谓之短命”，其中的“蚤”字是

“早”的通假字，“蚤”字的笔数比“早”字反而多些。

通假字并不是某一部书某一篇文章里的偶然现象。像上面举的“反”当“返”用，《论语》里也出现过：“吾自卫反鲁”；“幕”当“漠”用，《后汉书》里也有：“匈奴北徙数千里，幕南地空”；《孟子》里也把“蚤”当“早”用：“蚤起，施从良人之所之”。通假字是约定俗成的，有一定的普遍性，是大家公认的。

如果哪一部书里或者哪一篇文章里偶然出现的用这个字代替那个字的现象，那就不能作为通假关系看待，而是写了个同音字临时代替的。例如《刘知远诸宫调》里“瓦㰗”的“㰗”字，本来应该用“甗”字，大概写书的人一时想不起来这个字或者根本就不知道有这么一个字，于是就用了个跟它同音的“㰗”字来代替。这只是在一部书里出现的偶然现象，别的书里不这么代替，因此不能认为“㰗”是“甗”的通假字。

通假是借用，假借也是借用，都是借用，它们有什么区别没有呢？在借用这一点上它们是相同的，可是借的基础它们却不一样。假借是本来没有而去借，要表示记录“没有谁”“不要”这类意思，可是没有字可写，于是就借用了本来表示“傍晚”这个意思的“莫”字，这时候“莫”就是个假借字了。为了跟表示假借义的“莫”字有所区别，另外造了个“暮”字表示“莫”的本义。虽然有了“暮”字，可是有人还用“莫”字表示它的本义“傍晚”的意思，这种情形不能认为是通假，而是写本字。通假是本来有还去借，本来已经有个“返”字表示“回、返回”的意思了，可是还借用“反”字。这种情形下的“反”字是通假字。

像《史记》里的“愿伯具言臣之不敢倍德也”，其中的“倍”

字一般说它是“背”的通假字。如果按《说文解字》的说法，“倍”字本来就当“反”讲，已经有了当反讲的倍字，还认为它是“背”的通假字，就不一定合适了。

第七章　汉字的整理和简化

现在通常使用的汉字都规定了标准的写法，一个字一个形体。不过唯独数目字有“一、二、三、四、五、六、七、八、九、十”和所谓“大写”的“壹、贰、叁、肆、伍、陆、柒、捌、玖、拾”两种写法。一般只用“一、二……九、十”，但是它们容易被改动，比方把“一”改成“七”、“二”改成“三”或者“五”、“十”改成“千”。为了防止涂改，避免差错，在需要的时候，就要用“壹、贰……玖、拾”这一套写法。“肆佰陆拾伍元叁角捌分”所表示的数目跟“四百六十五元三角八分”所表示的完全一样，念起来也完全相同，只不过那几个数目字的字形不同。另外，表示数目空位的“零”也可以写成“〇”，比方把“一九五零年”“三零六号”写成“一九五〇年”“三〇六号”所表示的完全相等，在念的时候读音也相同。把数目中间的“零”写成“〇”，不光写着方便，看起来也一目了然。

上面一开头为什么要说“现在”呢？因为在好几十年前有许多字可以有一种以上的写法，比方鲁迅先生的《孔乙己》里所写的孔乙己就说茴香豆的“茴”字有四种写法。我们只知道“回”字还可以写成“囘”和“囬”。如果是 huí 虫的 huí，那就有五个不同的形体，“蛔、蛕、蛸、蚘、痐”，前两个的样子还靠近，后三个跟前两个相差得很远，简直不敢认为它们所指的是一回事，而且读音也没有一点点不同。“蛔”是个不大用得着的字，经常使用的字里也有这种情形，例如“够”也可以写成“夠”，“羣”和“群”、“猪”和“豬”完全通用，“炮”和“砲”以及“礮”不论写哪一个都行。

前面那一段的开头为什么又要说“通常”呢？因为在特殊情况之下，可以把某些字写成跟通常的形体不同的另外一种形体，例如“汉”可以写成“漢”，“书”可以写成“書”、“为”可以写成“為”也可以写成“爲”，“百发百中、一触即发、发扬、启发、发红、朝发夕至”里的“发”可以写成“發”、“理发、白发、发廊、落发为僧、结发夫妻”里的“发”可以写成“髮”。所谓特殊情况有下面几种：1.印古书的时候，比方中华书局出版的标点本的《汉书》用的就是“漢書”的写法；2.为了避免误解，比方“白发三千丈”这句诗，如果孤立来看，也许以为是“白白发出了三千丈”布或者别的什么；其实这句诗说的是头发，干脆把“发”写成（或者印成）“髮”以免误解；3.因为讲解字形的需要，例子上面刚刚讲过，就不用再举了；4.照顾海外，比方咱们出口商品的包装上的“中華人民共和國製造”，其中“華、國、製”通常的写法是“华、国、制”，因为在海外对现在咱们通行的“华、国、制”不熟悉，所以就用他们比较熟悉的“華、國、製”；5.个人的书写习惯，比方知名人士的题字或者书画家在他们的作品上所写的，以及其他。

异体字

像前面举的“够、夠”“羣、群”“猪、豬”“炮、砲、礮”这种状况是历史上遗留下来的，“够”和“夠”的意思以及读音没有丝毫不同，只不过在形体上有所不同就是了，它们是不同写法的一个字；“羣”和“群”、“猪”和“豬”、“炮”和“砲”以及“礮”也是如此。像这种状况的便把其中的一个或几个字叫做“异体字”。

某个字允许有不同的写法，因此就可以随写的人高兴，选用其中的任何一种写法，也可以不同的写法一会儿用这个、一会儿写那个。如果只学过“够”而没有学过“夠”的人，在看到“夠”的时候就会感到为难。因为像“部”和“陪”也是左右两部分的位置不同，却明明是两个字，就绝不会想到“够”和“夠”竟然是一个字的不同写法。为了不让自己在阅读的时候为难，除了学会“够”和“夠”两种写法之外，就没有别的办法。前面说过“回、囘、囬”其实就是一回事，“蛔、蛕、蛸、蚘、痐”实际上也就是一种东西。像这样子的一个字可以有多种写法的现象并不是个别的。比方“暖”还有“煖、暝、煗”三种写法，“橹、艪、樐、艣、樚”是一个字有五种写法，“窗”也可以写成“窓、窗、窻、牕、牎”，这一共是六种写法了；如果按《说文解字》的标准来说，还可以再加上“囱”和“ 㓁 ”两种写法，在《集韵》里还有个“窸”的写法，这样，总共就是九种写法了。异体字越多，给学习汉族语文的人带来的困难也就越多。除了读古书或者专门研究汉字，有必要掌握异体字之外，对绝大多数的人来说，它们实在是没有意义的沉重负担。

异体字的存在，不只是给学习汉族语文的人造成许多困难，而且也给印刷厂的检字、排字工人增加负担；另外多一个字形，就要多设置 20 来个铸造这个字形用的铜字模，把它们铸成许多个铅字放到字架上准备着。这样就得占着铜、铅、字架和空间，使一批资金、材料不能很好地流通。

如果在一个字的几种不同写法之中选用一种写法，比方“gòu 不 gòu”的 gòu 选用“够”的写法，“门 chuāng”的 chuāng 选用“窗”的写法，在一般情况之下只允许这个选定了的字形流通，其余的写法不论有多少都一律停止使用。这种做法称为汉字规范化。规范了的字可叫做正体字。这样就给学习汉族语文和使用汉字的人减轻了负担，完全可以把原先学和记异体字的时间精力用来学和记另一批新字；同时，印刷厂也可以不再积压那些为异体字所占用的资财了。

异体字这个问题的解决，一直到新中国成立之后才被提到议事日程上来。文化部和文字改革委员会在 1955 年 12 月联合发布了《第一批异体字整理表》，废除了 1055 个异体字；并且从 1956 年 2 月 1 日起在全国(港澳台例外)实施。现在除了重印古书等情况之外，异体字在一般的印刷物里是不允许也不会出现的。

简化字

像前面举的“汉”和“漢”、“书”和“書”、“发”和“發”以及“髮”，每一组里的两个字或者几个字也是形体不同，读音和含义也都相同，在特殊情况之下可以通用的，它们是异体字吗？从所表现出来的现象说，也可以算作异体字，不过它们不是历史上遗留下来的异体字。

“漢”“書”“發”“髮”的笔画比较多，结构也复杂，学起来写起来都挺困难。为了便于学习和书写，就想方设法改造字形，减少笔画让结构简单些，这种做法叫做汉字的简化。拿“漢”跟“汉”、“書”跟“书”、“發”和“髮”跟“发”比较一下，就可以看得出来“汉”“书”“发”的确简便得多了。“汉”“书”“发”等是20世纪50年代才创造出来正式推行使用的，到现在只不过几十年的历史。对“漢”“書”“發”“髮”来说，“汉”“书”“发”是“简体字”；反过来说，“漢”“書”“發”“髮”是“繁体字”。

现在，凡是正式公布了的简化字，小学、中学都用它来教学，高等院校里除了跟古书有关系的学科之外，也都用简体字教学，书刊报纸等印刷物以及社会上一般手写的东西也普遍使用简体字。只有在特殊情况之下才用繁体字。现在咱们看惯了写惯了简体字，可能感觉不到它的方便之处了。但是，假如你按《毛泽东选集》竖行排印本里的字体抄写一篇文章，就会发现有许多字写起来十分费劲。把这篇文章再按横行排印本里的字体抄写，就会感到省力不少。这是因为《毛泽东选集》竖排本用的是繁体字，而横排本用的是简体字，就拿这部书的书名来说吧，五个字就简化了三个，“泽”“东”“选”三个简体字比“澤”“東”“選”三个繁体字一共减少了17画。一篇文章里使用的字有成千上万个，其中不少已经简化了，出现的简体字越多，减少的笔画自然也就越多。笔画少了结构也就简单了，这样，比起写繁体字自然会省力得多。写简体字，在时间上也可以节约得很多。比方“積極響應”是繁体，四个字一共65画；如果写成简体的“积极响应”，一共是33画。约二比一，正好省了一半；笔画省了时间自然也节省了。简体的“关于”，两个字一共9画；如果写成繁体的“關於”，一共是27画，是一比三。“呼吁”的“吁”是6画，要是写成繁体的“籲”就是32画，相差26画，一比五还要多点儿，这是笔画减少得最多的一个字。另外像“鑿”简化成“凿”、“釁”简化成“衅”、“塵”简化成“尘”、“龍”简化成“龙”、“懺”简化成“忏”、“蘭”简化成“兰”，虽然不如用“吁”代“籲”减少的笔画那么多，不过减得也不少，整个字的结构比繁体的也简单得多了。

人们写字的时候，一般都希望能够容易写一些；能省些事的就尽量少费点儿力。因此，从古到今汉字的简化现象一直不断。早在甲骨文里，比方“祝”字，有写成的，也有写成的；“鼎”字，有写成的，也有写成的。后一种写法比前一种写法要简单些，可以看作是前一种写法的简化。在金文里也有简化的情形，例如“宝”字，可以写成，也可以写成；“寿”字，可以写成，也可以写成。在《说文解字》里，可以看到“集”字原来写成“雧”，“星”字原来写成“曐”。在汉朝的碑刻里，“夏”字有“憂”的写法，“则”字有“鼎刂”的写法。上面四对字，一比较就看得非常清楚它们的繁和简差别之大了。到了楷书阶段，简化的写法就更多了，像现在咱们使用的“刘”“笔”“乱”这样的简体字，差不多已经有上千年的历史了。另外像“寻”“灵”“躰”“迁”作为“尋”“靈”“體”“遊”的简化写法，也都是一千多年前的创造。在元朝的戏曲里，“zhá 油条”的 zhá 写成“煠”；在《水浒传》里，“把门 shuān 上”的 shuān 写成“櫦”，在明朝就把“煠”简化成“炸”、“櫦”简化成“閂”了。总而言之，汉字的简化在各个时代各种字体里都存在着，删繁就简是人们共同的要求。

像“刘”“笔”“乱”这些写法的字虽然出现得很早，可是千百年来却一直没有能代替跟它们相当的繁体正式通行。这是怎么回事呢？因为过去的当政者不允许简化字有合法的地位，官方的文书里以及为了功名利禄的人笔下都不准出现简化的写法。读书识字有一定地位的人因此也就看不起简化字，认为它们是“俗字”。那些当官为吏的和文人雅士们不敢于也不屑于写简化字，可是它在民间却有很强的生命力，一直在使用、流传、创新。

1935 年，上海有十几个团体和二百多个文化界人士联名提倡用简化字（当时他们称为“手头字”）印书，有好几种杂志响应，采用选定的三百多个字。在这种情形的压力下，当时的国民政府教育部在 1935 年 8 月不得不公布“第一批简体字表”。但是，没有多久就又取消了。

新中国成立之后，对汉字的简化工作就十分重视，国家设立了专门研究文字改革的机构，这是过去哪朝哪代也办不到的。1955 年 1 月，中国文字改革委员会提出了《汉字简化方案（草案）》，经过全国各阶层的广泛讨论，集中群众提出来的意见，对“草案”进行了修改。修改之后，再经全国文字改革会议通过，并且由国务院汉字简化方案审订委员会审订。1956 年 1 月，国务院公布了《汉字简化方案》。这个方案包括：第一表，230 个简化字；第二表，285 个简化字；第三表，54 个简化偏旁。1964 年 3 月，中国文字改革委员会、文化部、教育部发出了《关于简化字的联合通知》，公布了中国文字改革委员会编印的《简化字总表》。这个总表包括：第一表，不作简化偏旁用的简化字，共计 352 个；第二表，可作简化偏旁用的简化字和简化偏旁，前者共计 132 个，后者共计 14 个；第三表，应用第二表所列的简化字和简化偏旁得出来的简化字，共计 1754 个。

简体字的推行，使许多原来写起来费事的字变得容易写了，这对学习汉族语文和使用汉字都是十分便利的，节省了精力也节省了时间，因此受到广大人民群众的欢迎和支持。

日本人在日文里还夹用一些汉字，他们也觉得有的汉字笔画多结构复杂，在他们使用的汉字当中，对某些字也进行了简化。不过他们有他们的简化形式，他们对某些字的简化结果跟咱们的简体字字形自然不可能相同。例如他们把“廣”简化成“広”、“藝”简化成“芸”、“對”简化成“対”，就跟咱们的简体字“广”“艺”“对”不一样。这虽然是日本国的事情，不过也是对汉字的简化；同时也可以知道外国人也在做这项工作。现在新加坡也在推行使用我国制订的简体字。

简化的办法

对繁体字的简化用的是什么办法，也就是说繁体字是怎样简化成简体字的，有关部门并没有讲。咱们把所公布的简体字研究一下，可以看得出来简化的办法大约主要有五种：1.采用古体；2.草书楷化；3.改造部件；4.部分选用；5.同音或者音近代替。下面分别简单讲一下。

1. 采用古体　有些字过去通行的写法笔画多结构繁，可是另外有跟它们同音同义写法简便的却不大通行的所谓“古文”或者“本字”，咱们姑且称它们为“古体”。在方案里起用有关的古体，给它们正式的地位来代替跟它们相对应的繁体。例如“礼”是“禮”的古文，过去通行的是“禮”，“礼”并不那么通行，现在让“礼”来代替“禮”。又如“网”是“網”的本字，现在让“网”作为“網”的简体来顶替“網”的地位。也有采用古体稍加改动的，像“麗”的古文是“丽”，现在的简体是“丽”，把原来上头的两短横连成一长横，既省掉一笔又更好写些。这虽然跟古体不完全相合，但是还得承认是采用或者说吸取的是古体。

2. 草书楷化　草书比楷书写起来方便得多，但是草书往往是弧线的笔画一连到底，夹杂在楷书中间很不协调。在对某些字进行简化的时候，吸收草书笔画少结构简单的长处，把一笔到底牵连不断的写法进行适当的分解，同时也把弧线笔画改成直线笔画，使整个字形像楷书的式样。例如“書”的草书写法有写成的，楷化之后就成了“书”的样子。又如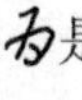是“為”的草书写法，楷化之后成为“为”的样子。把“為”简化成“为”，在新中国成立之前就已经出现了；“書”简化成“书”则是新制订的。另外像“专”“韦”“长”“车”“时”也是草书楷化之后的结果。

3. 改造部件　大多数汉字是由两部分组合成的，其中一部分写起来很麻烦，就对这一部分进行改造，把它改得非常好写。例如“殲”“懺”“纖”里的“韱”有 17 笔之多，就用只有 3 笔的“千”来替代“殲”“懺”“纖”里的“韱”，使它们简化成“歼”“忏”“纤”。又如“漢”“難”“嘆”“艱”里的“𦰩”，“僅”里的“堇”，“歡”“觀”里的“雚”，“對”里的“丵”，“鄧”里的“登”以及“戲”里的“虘”全都不好写，就一律用只有两笔的“又”来替代。这样，刚才举的那十个字就简化成“汉”“难”“叹”“艰”“仅”“欢”“观”“对”“邓”“戏”了。上面“纤”字里的“纟”和“观”字里的“见”的简化，也是改造了部件。按照《简化字总表》的规定，繁体左边偏旁的“糹”一律简化成“纟”旁；“見”是繁体，不论单独使用还是在别的字里当部件，一律简化成“见”。

4. 部分选用　繁体字之中有的字结构复杂，在一个结构复杂的繁体字里选取其中的一部分，舍弃其余的部分。例如“乡”是“鄉”的简化，“乡”是从“鄉”里选用的部分，余下的“郎”

是被精简掉的部分。把“鄉”简化成“乡”，自然就好写得多了。选用一个繁体字里的哪一部分，并没有一定之规，“乡”是选用了左边那一部分，“广”是选取了“廣”的外围，“飞”选用的是“飛”的上盖，“医”选了“醫”的左上角，“电”可以认为选了“電”的下半截，“夺”是选用了“奪”的头和尾，“灭”是从“滅”的腹中取出来的，“务”选的是“務”的右半边。

5. 同音或者音近代替　用一个笔画少结构简单而又不大容易引起误会的、跟繁体读音相同或者相近的字来代替。例如用“丑”代替“醜”，“丑”比“醜”要好写得多，读音一样，“丑”原来是地支（子、丑、寅、卯……申、酉、戌、亥）第二位的名称，另外也指戏曲演员的一个行当，比方“生、旦、净、丑”；“醜”是“难看、不美丽”和“叫人厌恶、让人瞧不起”的意思；用“丑”代替“醜”不至于让人把意思领会错了。用“斗”代替“鬥”，用“干”代替“幹”都是读音相近的代替。

在过去就相当通行的简笔字当中，也可以发现不少字跟以上所介绍的五种简化办法一样，例如：1.“尔：爾”；2.“尽：盡”；3.“庙：廟”；4.“声：聲”；5.“板：闆”。

前面讲的是汉字简化的主要办法，虽然不一定是规律，不过每一种办法还能举出些例子来。有些简体字是一个一个重新另造的，就不容易给它们归纳出类来。例如“灵”“响”“灶”“惊”“忧”“丛”就是，它们的繁体是“靈”“響”“竈”“驚”“憂”“叢”。这六个简体字里的前三个历史比较长些，在新中国成立之前就已经出现了，后三个是新中国成立之后创造的。还有的简体字字形是原来就有的，而不是新造的；也就是说这个形体现在是某一个字的简化写法，可是这个形体本来就是一个字，它跟现在的那个字原无联系。现在作为一个简化字来用，完全是一种偶然的巧合，因此，这不能认为借用原来的那个字。例如现在用“适”这个形体作为“適”的简化写法，但是“适”原来是读 kuò、当“快跑”讲的一个字。在宋朝有个学者叫“叶适”，前些年还出版过他的文集。在宋朝还没有把“适”作为“適”的简化写法使用，所以不应该按照现在规定的“适”是“適”的简体字这样一个标准把“叶适”叫做“叶 shì”。有意思的是，假设叶适今天复活了，看到“叶适”这两个字，他并不知道这是他的姓名，因为他姓“葉”并不姓“叶”。“叶”的读音以及字义跟“葉”都不相同，这自然是那时候的情形。现在，“叶”是“葉”的简体字，这跟用“适”当作“適”的简体字情形一样，原来“叶”就是一个字，读 xié，当“和洽，相合”讲。咱们了解了这一点，在听到别人把“叶适”的“适”读成 kuò，把“叶韵”的“叶”读成 xié 的时候，就不会认为人家念错了。自己读书的时候，碰到古人的名字用到“适”字，见到“与前句不叶”之类用法的“叶”字，就会考虑到不把它们念成 shì 和 yè 了。

要按标准写简化字

繁体字写起来比简体字要费事得多，除了特殊情况，人们差不多都愿意写简体字。要写简体字，咱们就应当按照《汉字简化方案》和《简化字总表》的规定写。写出来的东西很少不是给别人看的，如果不按规定写，各行其是，别人看起来感到困难不想看，就达不到给人看的目的。有的人不是写过了时的老简字，就是写已经停止使用的新简体，要不然就是把少数人创造的所谓简化字和符号写出来，这都是不对的。

有人把“中国人民大学”写成“中囯人民大孛”，其中的“囯”和“孛”在《汉字简化方案》公布之前曾经作为“國(国)”和“學(学)”的简体流行过，但是现在规定把“國”和“學”简化成“国”和“学”，“囯”和“孛”就是过时的简体了。咱们应该用“国”和“学”，而不要再写不合规范的“囯”和“孛”。如果“囯”或者“孛”脱离了一定的上下文单独出现的话，认识它们的人大概是不多的。就是在一定的上下文里，也是猜测出来的。既然是猜，就可能猜不出来或者猜得不对，这样就了解不了或者误解了原来的意思。“國”的简体过去还有“国、圀、囻”等写法，要是你写这个样子的，我写那个样子的，他又写另一个样子的，谁看了大概都会头痛的。在《汉字简化方案》公布之前，有把“業”简写成“叶”的，把“藍”简写成“兰”的。现在规定“叶”是“葉”的简化字，“兰”是“蘭”的简化字，这样，“叶”作为“業”的简体字，“兰”作为“藍”的简体字，就都是过了时的不合规范的写法了。“業”和“藍”现在的简化写法是“业”和“蓝”。

要求大家按标准写规范的简体字，为的是能够很好地表情达意。如果随便编造任意书写，就可能出现文字的混乱局面。比方湖南省的西南部有个县叫“零陵”，如果写成“〇〇”，谁能懂得这是什么意思呢？文字本来就是人民群众创造的，简体字也是如此。要求大家写规范的简化字并不是限制大家设计好写、好认、好看的简化字，咱们尽可以设计，向有关部门提出来，请他们考虑采纳。如果确实很好，在一定的时机再公布简化方案的时候就会正式推行。不过在没有正式推行之前，还没有取得合法的地位，大家还不承认，那就不应当随便使用，特别在公开场合写给大家看的时候更不应该使用。

第八章　错字和别字

在写字的时候，因为疏忽，就可能出现把字写得不对和出现别字的问题。为了引起注意，下面分别讲一讲。

写错字

写出来的一个形体，比方“试”，看起来像是一个字，可是在哪一本字典里都找不到。因为它只是像是一个字，实际上并不是字，字典里自然不会有它。这种情形，就是把字写错了，人们就管那个形体叫做错字；也可以叫做“白字”。把经常写错字的人戏称为“白字先生”。

产生错字的原因，除了粗心大意不认真对待字形之外，主要的是受到其他字形的影响。像上面举的“试”，为什么会写成这么一个样子的呢？写“试”的人在写完“试”之后，如果过于认真，就会想到“我、找、或、城、栽”这些字的那一长钩上都有一撇，再看自己刚写完的“试”上没有那一撇，好像缺了点儿什么似的，于是就添上了一撇；把“代”写成“伐”，那一撇并不是后添上去的，而是写惯了“我、找、或、城、栽”这样的字，钩完就顺手再一撇。在“弋、武、贰、忒”的钩上加撇造成的错误也是同样的原因。

下面举些个比较常见的错字做例子，它们都是受形体相近字的影响而错的。简单的说明是为了避免出这样的错儿。

爱　不应该有下半边那一点，写成“爱”才对。那一点是受了“发、拔”这样子的字影响加上去的。

步　受了“沙、妙、省”这类字的影响，下半边错成了“少”，多出了右边那一点。正确的写法是“步”。用“步”当部件的字，像“涉、陟、频”等，同样也不能多出那一点。

策　应该写成“策”。受了“束、速”的影响，所以中间多了一横。“刺、棘、枣”也不能有那一横。反过来，“束、速”如果少了那一横就是错字。

初　正确的写法是“初”。因为“社、祝、神、祷”的左边都是“礻”，以为“初”也是“礻”旁。“裸、袒、裕、补”也会有这么个错法。反过来，“社、祝、神、祷”里的“礻”也可能错成“衤”，这是受了“衫、裤、袜、袖”这类字的影响。

稻　应该是“稻”。这么错法是受了“陷、馅”的影响。“蹈、滔、韬”的右半边跟“稻”一样，都是“舀”，不是“臽”。反过来，“陷、馅”里的“臽”也有可能错成“舀”。

登　受了“祭、察、蔡”的影响，把上半部的“癶”错成了“⺼”。“癸、葵”也会出同样的错儿。反过来，“祭、察、蔡”里的“⺼”错成“癶”也是有的，是受了“登、癸、葵”的影响。这两个部件错的样子还挺多，像“癶”“⺼”“⺼”“⺼”都不正确。

范　也有错成“范”和“范”的，这是受了“记、包、巳”这类字的影响。正确的写法是“范”；下面右半边是横折钩的𠃍跟竖折钩的乚合起来的㔾。“犯”的右半边，“危”的下半截也是这样的。

恭　正确的写法是“恭”。错成“恭”，是受了“泰、暴”

的影响。“慕”“添”“舔”的下面也是“⺗”，同样下面也有错成“氺”的。“恭”“慕”“添”“舔”下面的“⺗”也会受“京”“奈”之类的影响错成“小”。

郎　受了“郎、部、都、郊”这类字的影响，把“即”里的“卩”错成了“阝”。“印、卸、仰、卯”也会这样错。反过来，“郎、部、都、郊”这类字里的“阝”，也有可能错成“卩”。

假　受了“缎、锻”的影响，所以错成这个样子。应该写成“假”才对。反过来，“缎、锻”也会错成“缎、锻”。其中的“段”错成“叚”，“叚”错成“段”也是很常见的。

喉　受了“气候”“时候”的“候”的影响，多写了中间那一竖。“诸侯”“王侯”“侯爵”姓“侯”的“侯”也都没有那一竖。“喉”是正确的写法。当部件用的都是“侯”，像“猴、瘊、糇、堠”，也全不能多出那一竖来。

欵　也可能错成“疑”，是受了“疑”的影响，正确的写法是“款”。反过来“疑”也会受“款”的影响错成“疑”或者“欵”。另外有个“欸乃一声山水绿”的“欸”，也会受“款”和“疑”的影响而写错。

旅　应该写成“旅”。错成这个样子，是受“派”的影响。“派”也会错成“泒”，这是受到“瓢、瓤”的影响。

蒙　正确的写法是“蒙”。中间之所以缺了一横，因为“家、冢”这样的字里都没有那一横。

念　上半截儿应该是“今”，写成“念”才对。“今”错成“令”，是受了“冷、零、龄、邻”的影响。“含、贪、吟、琴”里的“今”也会错成“令”。反过来，“冷、零、龄、邻”里的“令”也可能错成“今”。

烹　应该写成“烹”。多出来的那一横，是受了“享”的影响。或者因为“字、学、李”这类字里都是用的“子”，写完了“了”，顺手又写一横；要不然就是看着“烹”觉得好像缺点儿什么，才再补了一横的。“哼”也会错成“哼”。

切　正确的写法是“切”。因为“土”旁的字经常使用，以为“切”也是“土”旁，结果就写错了。“沏、砌、彻”里的“七”，同样也不能写成“土”。

任　写成“任”才对。把右半边的“壬”错成“王”，是受了“狂、匡、皇、闰”这些字的影响。“饪、妊、廷、淫”里的“壬”，也有错成“王”的。

散　受了“设、般、殷、殿”的影响，把右半边的“攵”错成了“殳”，正确的写法是“散”。反过来，“设、般、殷、殿”里的“殳”也可能错成“攵”。另外，像“敲、战”里的“攴”，以及“歇、欲、欧”里的“欠”，跟“攵”和“殳”，往往可能互相混用而造成错误。

椭　正确的写法是“椭”。因为受了“随”的影响，就多加了个“辶”。“堕”也不应该有“辶”。

碗　应该写成“碗”。把右下角的“㔾”错成“匕”，是受了“死”字的影响。“宛、婉、惋、腕、苑”的右下角也都是“㔾”，不是“匕”。

迅　正确的写法是“迅”。这是受了“帆、矾、梵”这类字里的“凡”的影响。“讯、汛”里的“卂”同样也不能写成“凡”。

预　应该写成“预”。因为“矛、茅、鹜(wù)”都有那一撇，所以也就把“预”里的“予”错成了“矛”。“豫”的左半边也是“予”，并不是“矛”。

直　中间应该是三横，写成“直”才对。这是受了“自、且、其”的影响，以为“直”的中间也是两横。“值、植、殖”和“具、俱”以及“真、滇、镇、颠”等的中间也是三横。

把字写错了，错的情形并不一定相同；有的错在那儿，有的错在这儿，有些是共同的，有些却是个别的。以上不过是举例，自然不可能面面俱到。

产生错字，除了受形体相近的字的影响之外，也受社会上的影响。有的字咱们会时常同它见面，其实有的写得并不正确。因为见的次数多了，便在你头脑里留下了印象，不知不觉受到了它的传染。例如“刊”字，在有的学刊、月刊、诗刊、画刊的封面上却写成了“刑”或者“刋”，都不对，然而同它接触多了，自己笔下也就会出现“刑”或“刋”的写法。再比方有人把“贰”写成“贰”，你说写错了，他说怎么不对？什么什么上就是这个样子，证据拿出来给你看。你请他查字典，看看字典上是怎么写的。再有像大街上洗染店的“染”字写成“染”，也是常见的错字，这也会传染给时常跟它见面的人。

另外，还有两种产生错字的原因：第一种是常结合在一起组成双音词的两个字，其中一个有的会受另一个的影响写成错字。例如“模糊”里的“模”，会受“糊”的影响错成“糢”。又如“鞠躬”的“鞠”，可能错成“躹”，这是受了“躬”的影响；但是也可能把“躬”错成“鞃”，这是受了“鞠”的影响。第二种是受了说字的影响，比方说“自大为臭”，在写的时候如果当真写成“臭”，那也就不对了。

多了解些汉字常识

在前面第三章里讲“会意”的时候，一开头就对“武”字做了一些解释：“武”字是由“戈”和“止”组合成的。小篆的写法是，隶书写成，到了楷书阶段，把中间那一撇改成一长横，再把上头的一横缩短些，并且向左移动不让它跟一钩相交，就形成弋的样子，这是“戈”的变形；下面的“止”没有变化，结果就是“武”这样的写法。了解了这一点，在写“武”字的时候，或者可以不至于再在钩上加一撇了。在讲会意的时候，也曾经举过“步”字的例子，它是用前后两只脚表示步行的意思。小篆写成，左脚右脚一前一后；楷书的“步”，下半边是从小篆里的演变来的，右边只是一笔，并不是一点又一撇。了解了这一点，也许写“步”的时候就可以避免造成错误的一个点了。如能掌握一些关于汉字造字方面的知识，对某些字的写法或多或少可以了解得清楚些。明白了何以该这样写而不能那样写的道理，就可以减少错字的出现。对于别人所写的，到底对不对，也容易做出判断，而且还可以解释给人家听。比方上头说的“贰”不对，“贰”对；“刊”对，“刋”或者“刋”不对，该怎么解释呢？“贰”是“弍”和“贝”组合成的，“弍”是“二”的一种写法，《说文解字》说是“二”的古文，《新华字典》说是“二”的大写。“弍”的写法找不到根据，是前所未有的。写“贰”的人大概因为“弍”的下面再加个“贝”地方太小不好写，就把在“弋”下面的“二”挤到“弋”的上面去了，于是把字写错了。再说“刊”字，其中的“干”是个声符；写成“刋”或者“刋”，“千”的音是什么呢？“千”似乎应当读 qiān，跟“刊”的读音距离太大，不像

“干”跟“刊”的读音那么靠近（只是声母送气和不送气的不同）。因此可以判断“刋”或者“刊”的写法不正确。

咱们学写字的时候，自然不可能先学些汉字造字的常识再学写字；即使有可能，也不十分必要。但是在学习了相当数量的汉字之后，如果对自己使用的汉字的有关常识知道得多一些也并没有什么不好。要是能因此而避免一些错字的出现，那就不单纯是增长一点知识的好处了，它还多少有些实用的价值呢。

用别字

以上讲的是关于写出的形体根本不成字的错字。另外还有一种用错了的情形：写出来的形体虽然是个字，但是在这样的上下文里不应该写这个字，也就是这个字不合这个语言环境的要求。这种把字用错了的情形也是很常见的，平常管这种用错了的字叫“别字”。比方“今天下午扫落叶，请自代扫帚”，其中的“代”虽然是个字，不过它在这里讲不通，用错了，这儿应该用“带”字。“代”在这种状况之下就叫做“别字”。

同音的别字

写别字的原因很多。比方老奶奶让小孙女记账：煤六元，籼米二元四角五。小孙女根本没有学过“煤”和“籼”这两个字，自然不知道有这两个字，当然也就不可能写出来。于是她就用“没”来代替“煤”，用“先”代替“籼”，因为它们念起来听起来是一样的，也就是读音相同。还有一种情形，写的人学过，不过在写的时候忘了，也就只好用同音字来代替，比方把“煤”

写成“梅”，把“籼”写成“仙”或者“鲜”，也可能写成“先”。写的人自己也知道写得不对，只是想不起来正确的该怎么写。另外一种情形是该写的字他都会，只是平常用耳朵听的时候多，用眼看的时候少，更懒得动手写，到了让他写的时候，就不知道该怎么写，这样自然就免不了写了别字。比方“爱屋及乌”这个成语里的四个字都是常用的，哪一个字他都会写，可是让他默写这个成语，除了“爱”字也许用得不错，“屋及乌”错成什么样子都有可能，只要念起来是 wū jí wū 他就认为没有问题了，并不知道错在什么地方。这种类型的别字，只是字音相同，按字面去讲是解释不通的。别字，往往是写的人用他所熟悉的字去顶替他所不会的、不知道的那个字。

下面举一些同音别字的例子。括号里的是别字，横线后面是这个别字的用法。

可见一斑(班)——上班　班长　模范班

右侧(测)——测量　观测　不测

戴(带)帽子——带路　带午饭　腰带　面带笑容

妨(防)碍——预防　防汛　国防

狡猾(滑)——光滑　滑冰　滑稽

诲(悔)人不倦——悔恨　后悔　悔改

决(绝)定——绝对　绝路　隔绝

刻(克)苦——克服　攻克　克制

烈(列)士——陈列　行列　列岛

秘密(蜜)——蜂蜜　甜蜜　蜜糖　蜜饯

恼(脑)怒——大脑　头脑　脑力劳动

殴(欧)打——欧洲　欧阳修　欧亚大陆

蓬（篷）松——帐篷　斗篷　敞篷车

恰（洽）巧——接洽　融洽　洽商

柳梢（稍）——稍微　稍息　稍候

走投（头）无路——头疼　头一天　头头儿

推诿（委）——委托　委屈　委员会

叙（序）述——顺序　自序　序曲　序跋

贻（遗）误后学——遗失　遗忘　遗传　遗嘱

再（在）说——在家　健在　在行　正在考虑

凡是同音字，就有可能拿来代替那个该用的字而成为别字，比方跟“葆”字同音的有“保、褓、堡、宝、饱、鸨”6个字，它们之中任何一个都可能以别字的身份去代替“葆”字，也就是说“葆”的同音别字可以有6个；当然了，这6个都读bǎo的字，每一个都有6个可以作为它的同音别字。假使同音字的数目更多（比方lì有40多个同音字），出现的同音别字也就更多（比方“荔”的同音别字可能有“立、粒、丽、吏、利、力……”40多个）。这是从理论上来说的，实际上同音别字的出现不会很多。因为写不出来的那个字差不多都是比较生疏的，作为同音别字用来代替写不出来的，可以说都是比较常用的熟字；反过来，用生疏的去代替熟悉的几乎没有；根本不会的，自然就不会用它去代替。比方让学生听写“永葆青春”，“葆”字有人不会写，如果写别字的话，用“保”或者“宝”的可能性要大于“堡”和“饱”，用“褓”和“鸨”的也许一个也没有，这是因为“保”和“宝”比“堡”和“饱”常见常用。“褓”和“鸨”，学生可能还没学过。要说“饱”字也不是一个冷僻字，为什么在“永bǎo青春”里不大会当成别字来用呢？这里又要跟字义发生关系了，因为学过“永葆青春”的人知道“饱”字用在“永 bǎo 青春”里实在太可笑，所以不选择这个“饱”字。同样的，“堡”字也讲不通，就算对“堡”字也很熟悉的话，也许他们学校或者家里所在地的地名用这个“堡”字。要是没有学过“永葆青春”的人，“饱”和“堡”就有可能用来代替“葆”了。把字义这层因素也考虑进去，尽管同音字很多，使用的别字范围又缩小了一些。

另外，用两个同音字组成的一个词，例如“积极”“意义”，有人有时会把它们写颠倒了成为“极积”“义意”。这样，两个字同时都成了别字。这自然不是写的人故意让它们互相代替，更不是哪个字不会写，而是因为阅读太少或者一时疏忽大意造成的。

音同义近的别字

再有就是写出来的别字跟应该用的那个字读音相同，在意思上好像也可以讲得过去，实际上却讲不过去，这种别字可以叫做“音同义近的别字”。例如“漫长的岁月”“在海滩上漫步”里的“漫”字，可能错成“慢”。“慢”的读音跟“漫”相同，这是一方面；另一方面，“慢”字在这里也可以做出一种解释来：“慢长的岁月”不是“过得不快而且又很长久的日子”吗？“在海滩上慢步”就是“在海滩上从容不迫地走，慢慢儿遛”啊。这是写了“慢”的人的解释，其实他没有弄清楚“漫长”的“漫”是“长远、无穷尽”的意思；“漫步”的“漫”是“随便、不受约束”的意思，跟“慢”完全不相干，把这里的“漫”写成“慢”是不对的，这样的“慢”就叫音同义近的别字。实际上义并不近，姑且给起了这么个名称就是了。

下面举一些例子。括号里的字是别字，破折号后面用楷体字印的那些话，是写别字的人的解释，说明他为什么这么写的理由。其实这些解释都站不住，不可信。

黯（暗）然失色——光线暗下来就分辨不出颜色了。不是另外有个“暗无天日”的说法吗？

可见一斑（般）——“一般”有“不特殊”的意思，比方“一般情况”“水平一般”。“可见一般”就是可以见到、可以看出大多数、不特殊的意思。

察（查）言观色——“查言观色”就是说“调查”或者“查考”所说的，并且还看说话人的脸色。

定（订）时炸弹——原来没有计划、合同什么的，可以“订”出来。原来没有订时间让炸弹爆炸，给它订个要爆炸的时间到时候爆炸，所以叫做“订时炸弹”。

噩（恶）梦——è 梦，就是可怕的梦。就像“恶棍、恶霸、恶魔”那么可怕一样，所以是“恶梦”。

任务繁（烦）重——任务既多又重要，要完成这项任务是很不容易的，让人烦躁，烦人，所以说“任务烦重”。

格格（隔隔）不入——因为有间隔、隔开了，靠近不了，自然是隔了又隔进入不了啦。

豪（毫）猪——动物身上长的毛叫毫毛，羊毛做成的笔叫羊毫笔，háo 猪身上长着许多硬毛，就是“毫猪”呗。

精简（减）机构——“精减机构”就是嫌机构多，去掉一些，结果比原来的数目少了，去掉一部分不就减少了嘛。

鸟瞰（看）——鸟儿飞起来朝下看，不正是“鸟看”吗？

锻炼(练)身体——“勤学苦练”“练习”特别是“练功”“练操”都是为了身体健康，所以是“锻练身体”。

软绵绵(棉棉)——棉花多么柔软啊。软得像棉花那样，还不是“软棉棉”吗？

糯(懦)米——“懦”是“软弱”的意思，“nuò 米饭、nuò 米粽子”比别的米做的饭和粽子都软，因此管它叫“懦米”。

劈(披)头盖脸——“披头盖脸”就是披散着的头发遮盖着脸，平常也有说“披头散发”的，对不对？

启(起)程回国——“起头儿、起始、起因”都有开始的意思，“起程回国”表示开始踏上回国的路程。

通融(容)——“通 róng”就是不让人为难的意思，“宽容”“容忍”“情理难容”里的“容”也有不让人为难的意思，所以是“通容”。

首(手)屈一指——伸起手指头来数，第一个手指头弯起来当然表示头一个儿的意思了。

大前提(题)——讨论研究什么之前，总是有个“议题”或者“题目”，不然讨论研究的是什么呢？

忤(侮)逆不孝——不尊敬、耍态度还欺负长辈，不奉养、不孝敬他们。

照相(像)馆——谁照 xiàng 就得像谁，如果照得不像就不叫照 xiàng 了，照了能像，所以照 xiàng 馆是“照像馆”。

优(忧)柔寡断——“yōu 柔寡断”是不果断、不能当机立断的意思。为什么这样呢，因为担心害怕、忧虑重重，不坚定，所以老是迟疑下不了决心。

烦躁（燥）不安——“干燥”可以形容东西跟气候，“燥热”是说天气和环境的。人如果不冷静或者体温太高就“烦燥不安”了。“烦”是火旁，“燥”也是火旁，人生气发火就是“烦燥”的一种表现。烦燥自然会产生不安详、不安静、不安定的心态。

写出像上面所举的这些别字的人虽然也用了心思，还能讲一套他为什么这么写的理由，可是对原来应该用的字和词语的意思没有真正了解掌握，结果把字用错了。只要字音相同，意思上好像也能沾上边儿的，就是这种类型的别字。

字形相似的别字

还有一种情形，有一个字的形体很像本来应该用的那个字的样子，因为粗心大意，把不该用的这个字用上了，它在这里就是个字形相似的别字。比方把“代客剪裁”写成了“代客剪栽”，“栽”就是个别字，因为“栽”跟“裁”的外貌十分相似。这种情形也常出现在一些印刷品上，这是因为原稿上的字写得草率，既像这个字，又像那个字，排字和校对都难判断，结果搞错了。例如在一个画报的一篇文章里，就把“寓庄于谐”的“庄”字错成了“压”，把“藉助”的“藉”字错成了“籍”。要说“藉”也不合规范，因为通篇用的是简化字，“藉助”里的“藉”已经简化成“借”了。

下面是字形相似的例子。冒号之前的是正字，之后的是别字（有些实属互为别字）；破折号后面，/之前是正字的用法举例，之后是别字用法举例。

欸(ǎi)：款(kuǎn)——欸乃一声/存款

拔(bá)：拨(bō)——拔草/挑拨

豉(chǐ)：鼓(gǔ)——豆豉/打鼓

刺(cì)：剌(là)——刺刀/乖剌

叼(diāo)：叨(dāo)——被猫叼走了/叨唠

凤(fèng)：风(fēng)——凤凰/狂风

丐(gài)：丏(miǎn)——乞丐/“丏”字当“遮蔽”“看不见”讲。作家“夏丏尊”

盍(hé)：盖(gài)——盍各言尔志/遮盖

届(jiè)：屈(qū)——第一届/屈服

寇(kòu)：冠(guān)——贼寇/冠冕堂皇

沦(lún)：沧(cāng)——沦落/沧海桑田

枚(méi)：枝(zhī)——不胜枚举/树枝

艿(nǎi)：芨(jī)——芋艿/白芨

蓬(péng)：篷(péng)——蓬勃/帐篷

沁(qìn)：泌(mì)——沁人心脾/分泌

蕊(ruǐ)：芯(xīn)——花蕊/灯芯

衰(shuāi)：哀(āi)——衰老/悲哀

荼(tú)：茶(chá)——如火如荼/茶叶

稳(wěn)：隐(yǐn)——稳妥/隐藏

呜(wū)：鸣(míng)——呜呼/鸣笛

羞(xiū)：差(chā)——害羞/差别

冶(yě)：治(zhì)——冶金/治理

折(zhé)：拆(chāi)——折叠/拆迁

汉字的字形彼此相似的数量不少。两个字的区别常常只不过因为一笔的多少之差，或者由于笔形稍有不同，或者某一笔位置的变动；有的虽然字里的部件比上面说的差别要大，但是大轮廓看起来差不多，像“祟”和“崇”就是人们常举的例子。字形相似的字很多，就有可能成为别字，远远不是上面所举的那一点点。从上面的例子里可以看得出来一点：被当成别字使用的往往是比较为人熟悉的字，“款”比“欵”、“鼓”比“豉”常见常用，所以“款”“鼓”被当成“欵”“豉”的别字；反过来的可能性就不大。自然，像“拔”和“拨”、“刺”和“剌”、“丐”和“丏”、“蓬”和“篷”也可能互为别字。

在一般人的笔下差不多都写像行书那样的所谓连笔字，有的时候甚至会像草书那样字跟字也连着写，这样就会使得有些字不容易辨认了。别人抄写或者排字，别字也就往往因此而出现。比方“王、天、之、仲”写得潦草会像“五、无、元、件”。至于“木”旁和“扌”旁、“氵”旁和“讠”旁、“讠”旁和“亻”旁、“彳”旁和“纟”旁相混更是常事。

有的别字看起来好像是写的人粗心，受了形体相似字的影响，其实有时候写的人还是经过思考之后才写的。比方写“北方农村习惯睡土炕”时，把“炕”写成了“坑”，因为想到“土炕”既然是土的，总该是“土”旁吧；写“跳出火坑”时，心想既是“火坑”，那一定是“火”旁了，就写成了“跳出火炕”，结果正好把“炕”和“坑”弄颠倒了。

另外的情形可以认为写的人对正字和别字都并不掌握而是随手一写造成的别字，比方把“戊戌政变”的“戌”写成“戍”，把“汨罗江”的“汨”写成“汩”。表面看起来是字形相近的别字，其实写的人未必会分辨“戌”和“戍”以及“汨”和“汩”，而是他写出来的碰巧是另外一个字。

还有一种情形，看上去也是字形相近的别字，实际上是因为把字念错了，而按误读的那个字写出来的。例如“病入膏肓”的“肓”写成“盲”，“滥竽充数”的“竽”写成“竿”，在念的时候就把“肓”和“竽”念成了 máng 和 gān。假使不是这样，那就有可能把“肓”错成“育”，因为“育”也很像“肓”的样子。

方音和别字

有些别字是地方性的，甲地会这么错的，乙地不会错；甲地错不了的，乙地却会错，这是因为受了地方的语音也就是方音的影响。例如南京人可能把“无可奈何”的“奈”写成“赖”，上海人可能把“声明”写成“申明”，“乱七八糟”烟台人可能写成“烂七八糟”，成都人可能把“甚至于”写成“甚自于”，昆明人可能把“郁郁不乐”写成“抑抑不乐”，“天网恢恢”长沙人可能写成“天网飞飞”，“保存”广州人可能写成“保全”，这是因为在那些地方那两个字是同音字，所以有可能成为别字。上面那些例子，北京人的笔下是不会出现的，因为那些字在普通话语音里不同音。可是北京人可能写出来的别字，在有的地区却不会弄错。比方“在青岛休养”的“休”，北京人可能写成“修”，青岛人就不会，这倒不是因为休养的地点在青岛；比方烟台人、郑州人、广州人同样也不会把“休”跟“修”弄混了。又如“个人负责”北京人可能会把“个”写成“各”，或者把“各人负责”写成“个人负责”，可是上海人、杭州人、广州人都能把“个”和“各”分得清清楚楚，绝不会互为别字。

在前头讲音同义近的别字的时候，举过“照相馆”的例子，说如果把其中的“相”写成“像”的话，“像”就是别字，这有什么根据呢？“像”跟“相”在北京语音里是同音字，“像”用在“照 xiàng 馆”里虽然好像也能说得过去，可是在有的地区这两个字的读音并不一样。那些地区的人说起“照相馆”或者“照相”的时候，总是说成当地读“相”字的音，不使用“像”的音。“照得像”就是“像”字的音，不用“相”字的音，“相”跟“像”分别得一清二楚。由此可知“照相馆”的写法是对的，写成“像”是不对的。再比方“年 qīng 人”的 qīng，有的人写成“青”，也有的人写成“轻”，这两个写法到底哪个写法正确呢？“青”跟“轻”这两个字在北京语音里是同音字，在另外许多地区也是同音字。把“年 qīng 人”写成“年青人”的人认为：“年青人”是年岁不很大的人，也就是青年人，“青年人”和“年青人”所指的是一回事，“年 qīng 人”写成“年青人”有什么不对的，年岁还有轻重之分吗？“年轻人”的“轻”好像有问题。这么解释，从“轻”“青”读音相同的地区来说可以通得过，不过这两个字在有些地区却不是同音字，人家按自己说的写出来时就写成“年轻人”，不写“年青人”；“青年人”还是“青年人”，不会写成“轻年人”，分得也很清楚。从这里可以说明一点，文字既然是记录语言的符号，在研究文字的时候不仅要用眼睛看字形，同时还要用耳朵听活的语音，不要坐井观天、以管窥豹，而要有博采众长的精神。

第九章　误读和误释

前头讲的是写出来的字正确不正确的问题，跟字的形体有关系。一个字除了形体之外，还有它的读音和它的意义两方面，它们也跟字形一样重要，不能马马虎虎。写得不正确是一种错误，应该避免；读得不正确、解得不正确也是错误，同样也应该避免。下面分别谈一下。

误读

念书或者读报、读文件的时候，或者说话中间把某一个字念（也包括读和说）得跟字典上给这个字注的音不相合，这种情形就是“误读”；口头也说念错了或者念白了。比方把“锲而不舍”的“锲”字念成 qì，就是误读；“锲”字的音是 qiè。

普通话语音是汉语的标准音，这些年新编印的字典、词典都按标准音给字注音。读音正确不正确，总得有个判断的标准，这个标准就是普通话语音。全国各地的方言有的差别很大，如果不规定一个标准，同一个字在甲地读这样的音，在乙地读那样的音，就当地方言来说这样读是正确的，那么，如果各地都认为自己读的正确，那么究竟听谁的好呢？

读出来的音是标准音里所没有的，比方 biu fun din sam 这样的音，从标准音的角度来衡量，一听就断定得出来是不规范的，是普通话里没有的字音。这是粤语方言地区里的人按方音读“标、欢、颠、三”时读出来的音，如果他们会说标准的普通话的时候，就不会出现这样的字音了。不过他们对标准音里的某一个或者某几个音发得也许还不完全合于标准，也就是平常所说的有口音，这不能认为把字念错了。如果一个人只会说方言不会说普通话，自然也不会用标准音念书读报读文件什么的了。这种情形咱们不去讨论，因为不懂他的方言，不能判断他读得对不对。

怎么会念错的

汉字不是拼音文字，看字形看不出该怎么读，而要向会读的人请教，或者去查字典上注的音。有的人碰到不认识的字，一不问人二不查字典，而是猜着念。既然是猜，就不可能猜得都对，猜得不对也就把字念错了，误读几乎都是这样造成的。

猜，也不是随便乱猜，猜也有猜的办法。不然的话，猜错了的时候为什么差不多都错得一样呢？普通话里的字音多得很，怎么不多错出几种读法呢？前些年流传过一个笑话：一个人在台上念别人替他写的讲话稿，念到“凶 láng 的阶级敌人”时，别人听出来他把字念错了，就提醒他，说“hěn hěn”。他接过话茬儿说，是啊，凶 láng 哪有不 hěn 的呢，就是 hěn 嘛！念讲话稿的这个人不认识“狠”字，念成了 láng，就是从“狼”字身上猜的。为什么有人把“病入膏肓”的“肓”读成 máng，因为有个“盲”字当线索，所以就猜想“肓”字可能也念 máng。从这两个例子里可以看得出来猜是怎么猜的：碰到一个自己不认识的字，自然不知道这个字的读音，可是有一个自己认识的字正好跟这个不认识的字字形差不多，于是就用认识的字的读音去读这个不认识的字。怎么会想到采用这个办法的呢？或者说这么猜测的根据是什么？根据是：有些字的字形相似，它们的读音也相同，比如“第”和“弟”这两个字样子差不多，它们的读音都是 dì。又如“荷”和“菏”、“炉”和“泸”、“穹”和“穷”不都也是字形相似读音相同吗？因此就用上面说的办法猜了起来。像“第”和“弟”这种形近音同的字是很少的。用这种办法猜着读，大概百分之百都猜不中。下面举些这种例子：

欸乃一声——“欸”：ǎi。很像“款”，误读成 kuǎn。

谄媚——“谄”：chǎn。跟“陷”相似，误读成 xiàn。

相形见绌——“绌”：chù。误读成 zhuó，以为跟“拙”“茁”同音。

中途辍学——“辍”：chuò。想到了“缀”，误读成 zhuì。

咄咄逼人——“咄”：duō。从“拙”身上猜，误读成 zhuó。

齐桓公——“桓”：huán。以为跟“恒”同音，误读成 héng。

草菅人命——“菅”：jiān。很像“管”，误读成 guǎn。

迥然不同——“迥”：jiǒng。误读成 huí，因为跟“迴”形似。

羸弱不堪——“羸”：léi。跟“赢”相像，误读成 yíng。

分娩——“娩”：miǎn。想到了“晚”，误读成 wǎn。

赡养父母——“赡”：shàn。很像“瞻”，误读成 zhān。

肾炎——“肾”：shèn。跟“贤”形近，误读成 xián。

鬼鬼祟祟——“祟”：suì。跟“崇”相似，误读成 chóng。

恬不知耻——“恬”：tián。以为跟“括”同音，误读成 kuò。

如火如荼——“荼”：tú。误读成 chá，因为很像“茶”。

毋庸讳言——“毋”：wú。很像“母”，误读成 mǔ。

迁徙——“徙”：xǐ。跟“徒”相似，误读成 tú。

炙手可热——“炙”：zhì。想到“针灸”，误读成 jiǔ。

误读半边

另外还有一种猜着读的办法，就是平常所说的读半边儿。一个自己不认识的字，如果可以把它分解成两半儿，其中的半个可以读得出来；同时它也出现在其他的字里，它的读音又跟它所在的字的读音相同。这样，就按它的读法来读这个不认识的字，结果把这个字念错了。举例来说，“破绽百出”的“绽”字的读音不知道，它可以分解成“纟”和“定”，“定”的读音是 dìng。“定”出现在“锭、碇、腚”里，“锭、碇、腚”的读法跟“定”相同，都读 dìng。既然如此，“绽”字的读音也该是 dìng 了，结果把“绽”字念错了。“绽”字应该读 zhàn。再比方“抨击”的“抨”字有人读成 píng，也错了。“抨”的读音是 pēng。为什么会读成 píng 的呢？因为“评、苹、枰、秤”这几个字里都有个“平”，都读 píng，跟“平”同音；“抨”里也有个“平”，所以也就读成了 píng。

还有一种读半边猜着念的办法，推测的路子跟上面说的那一种有所不同。这一种的根据是，同一个偏旁里的字有不少字的读音跟不带偏旁的一样；当碰到这个偏旁里的一个字不会念的时候，就把偏旁去掉读所剩下来的部分。这么蒙，同样也要出差错的。例如“茁壮成长”的“茁”应该读 zhuó，有的人却误读成 chū。因为“芬、芳、芽、芥、菠、荷、苹、蕉、藻、蔬”这些字的读音都跟不带“艹”的读音一样，就误以为“茁”也可以去掉“艹”读“出”的音。又例如把“蚶”字读成 gān，也是因为“蜈、蚣、蝗、螂、蚯、蚓、蛔、蟒、蚊、蚁”这些字的读音都跟不带“虫”的读音一样，那么“蚶”也可以去掉“虫”读“甘”的音了。“蚶”字的音是 hān，并不是 gān。

有的字甚至还可以把上面的两种办法结合起来运用，这样看起来好像根据更充分，其实还是把字读错了。比方“攻讦”的“讦”字怎么念？因为：1.“肝、杆、矸、竿”这几个字里都有个“干”，都读 gān；2.“评、议、证、谓、诙”这几个字的读音都跟不带“讠”的读音一样，因此，“讦”可以读成 gān，对吗？不对！应该读成 jié。

有些字的字形是很难分解的，像“乜、囟、芈、夒”就是；有些虽然可以分解，可是对分解出来的部件的读音是什么也不知道，像“祁、冬、粤、巡”就是，类似这样的字，就没有办法蒙着念了，好像也没有人去硬猜。会就会，不会也不胡猜乱蒙，这样倒可以不出错儿少闹笑话。

注意上下文

大多数的字都是一个字一个音，有少数字在这一种上下文里读这个音，在另一种上下文里读那个音，这样的字叫多音字。例如“长”字在“万里长城”“取长补短”“长此以往”“长于歌舞”之类的上下文里的读音是 cháng；在“年长”“长子”“长得真高”“长见识”“校长”之类的上下文里的读音是 zhǎng，“长”就是个多音字。该读 cháng 的读成了 zhǎng，或者该读 zhǎng 的读成了 cháng，都是误读。“校长”的“校”读 xiào，“校对”“校场”的“校”读 jiào，“校”也是个多音字。关于多音字在前头第五章里已经讲过，就不必再多说了。这里要说的是，一个多音字如果既没有上下文的限制也没有语言环境的约束单独出现的时候，读它几个音里的哪一个都不算错。比方一张纸上写个“长”字，读 cháng 读 zhǎng 都可以；另外一张纸上写个“校”字，读 xiào 或者读 jiào 都不错。如果把“校”和“长”连在一起写出来，就只能读成 xiào zhǎng 才正确。多音字的几个读音该读其中的哪一个是有条件的，在一定条件之下，该这么读的却那么读了，这也是误读。

积非成是

有的字本来应该读那个音的，可是有很多很多人却读成这个音；时间久了，读这个音的人越来越多，于是就不得不放弃那个音的读法而采用这个音。这种情形可以叫做积非成是。例如“矛盾”的“盾”字原来读 shǔn，“盾”字在人的名字里，比方春秋时晋国的“赵盾”读 dùn。1949 年 8 月商务印书馆出版的《增订注解国音常用字汇》就是这么讲的。可是在人们读“矛盾”“盾牌”“银盾”的时候几乎都把“盾”读成 dùn，可能只有极少数的人还用 shǔn 的音。由于积重难返，把“盾”读成 dùn 是大势所趋了，现在新编印的字典词典都给“盾”字只注一个 dùn 的音，不注 shǔn 的音了。又如“铅”字，本来跟“缘”是同音字，读 yuán；现在字典词典里给它注的音是 qiān，这也是大势所趋的结果。现在有些地区说的“yuán 笔”，指的就是“铅笔”（yuán 笔是方言里的说法），“铅”还读 yuán。江西省有个“铅山县”，当地人说起来，“铅”也还跟“缘”同音（那里没有 ü 这个音，听起来是 yán）。再如“港”字现在字典词典里注的音是 gǎng，可是它原来跟“讲”是同音字，都读 jiǎng。河南省南部京广铁路线上有个属于信阳市的镇叫做“明港”，现在当地人说起来还是“明 jiǎng”，请他们写也明明是“明港”。这两个例子可以证明在方言里还保存着原来的读法。

现在有些字误读的势力还挺不小，很有超过正确读法的势头，比方“这件事不好处理，真棘手”里的“真棘手”，现在许多人说成“真 là 手”，这大概是受了“辣”字的影响。还有“为虎作伥”里的“伥”字，许多人读成 zhāng，好像也有读成 zhàng 的，这可能受了“张”或者“帐”的影响。再有“塑料”里的“塑”字，不少人说成 shuò，这是读半边儿字。像这样的误读将来会不会积非成是呢？像“伥”字或者可能由 chāng 变成 zhāng 或者 zhàng，这是因为“伥”字现在在别处几乎用不到它，改它一下没有别的多大影响。“棘”除了用于“棘手”之外，“荆棘”“棘皮动物”“棘轮”“棘鱼”还用得着，似乎不容易改变 jí 的读法。把“棘手”说成“là 手”的可以写成“辣手”，现在词典里已经在“辣手”这个条目后面注明它是“棘手”的口语说法了。“塑”还在“塑像”“塑造”“雕塑”“可塑性”这些比较常用的词里使用，“塑料”这个词的历史还不长，“塑”字在别处都读 sù，给“塑料”的“塑”单单订个 shuò 的音好像不大合适。总而言之，要看大多数群众怎么说、如何读，人数是不是增加，另外还要有时间的考验，人数不那么多、时间又比较短暂的误读，大多数人是不会将错就错的。

方音和误读

在上一章里的“方音和别字”那一节里说过，有些地方性的别字是因为受了方音的影响，这是写出来的表现。在读的时候如果是满口方音，那就表现为误读。说误读，这是从普通话标准音的角度说的，因为读出来的音不合标准。比方前面举的南京人可能把“奈”写成“赖”，这是写了别字；假如把“奈”读成 lài，就是误读，因为“奈”的读音应该是 nài 而不是 lài。如果换一个角度来看，像南京人把“奈”读成 lài 这种情形，并不能作为真正的误读看待，因为南京人不只是把应该读 nài 的“奈”字读成 lài，就是跟“奈”同音的“柰、耐、鼐”也读成 lài；“乃、奶”同样也读成 lǎi；他们家乡的地名南京的“南”字的音也会读成 lán，总而言之，普通话里 n-声母的字，都可能读成 l-声母。反过来，普通话里 l-声母的字，南京人又可能读成 n-声母。这是普通话的 n-和 l-两个声母在南京语音里没有分别的缘故，所以说南京人把“奈”读成 lài 不能看成是真正的误读。有的人通过记忆，给汉字注音写得都对，n-是 n-、l-是 l-，一个不错，应该得满分；动嘴的时候心里自然都清楚是 n-还是 l-，只是发音器官不听指挥，会把写得对的给读错了。n-和 l-不分在许多地区跟南京一样，咱们只不过拿南京为例就是了。另外，像烟台人把“乱”读成 làn，也是读音不合规范的问题，因为他们把“峦”也读成 lán，“卵”也读成 lǎn，而且“暖、断、团、堆、腿”也分别读成 nǎn、dàn、tán、dēi、těi，从这里可以看得出来普通话里 d-、t-、n-、l-跟 ü 介音韵母相拼的字，在烟台话里都把介音 ü 丢掉了。这样，烟台人把“乱”读成 làn，是说了方言而不是念了白字。同样，铅山人说他是 yán 山人，明港人说他是明 jiǎng 人，也不能认为他们把字读错了。把普通话学好了，就不会出现这样的问题了。

误读未必就必定误写

前面说过写别字跟误读有关系，比方把“肓”误读成 máng，就有写成“盲”的可能。但是如果说凡是误读就一定写出别字来，那倒也不见得。为什么这么说呢？因为把字音读错了的人（他自己并不知道读错了）对于他读错的那个字的字形还是记得很清楚的。比如“别墅（shù）”误读成“别 yě”，写的时候并没有写成“别野”，因为写的人知道“别 yě”的 yě 下面是带“土”的野，不是没有“土”的野，因此尽管读的说的是“别 yě”，写出来的还是“别墅”。再比如“日出东南隅（yú）”的“隅”，虽然误读成 ǒu，可是写的时候知道这里的 ǒu 是“阝”旁的而不是“亻”旁的，这样自然不会写出别字“偶”来了。

因为方言跟普通话有差别，如果方言地区的人没有把普通话学好，有可能写出别字。可能，就是不一定的意思。方言口音重的人同样也可以掌握字形，或者是下功夫硬记，就好比咱们通过容貌分辨哪一位姓张、哪一位姓章，也全凭记忆那样；或者根据字义来写，就像弄明白了“在”跟“再”的意思也就不会用混了一样。上面已经举过南京人写得对、说不准的例子，这里可以不用再啰唆了。

误释字义

一个字如果只有一个意思，不论它在什么地方出现，它总是那一个意思，这就不会发生把它的意思解释错了的问题。例如“蛾”字在“蛾子”“飞蛾”“蛹变成蛾”“灯蛾扑火”里都只是“蛾”的意思。只有一个意思的字在整个汉字里占的数目很少，绝大多数的字一个字都有几个意思。一个字的几个意思，并不能只要见到这个字就随便用它的任何一个意思来讲解；选择其中的哪个意思，要看它的上下文，要看它出现的语言环境。不这样考虑，不是把意思弄错了就是干脆讲不通。不应该这么讲而这么讲，就是误释字义。比方一个人被雨水淋得全身上下透湿，可以用“落汤鸡”来形容，说他湿得像落汤鸡一样，这个“汤”字该怎么讲呢？是“两菜一汤”“这种汤太咸了”的“汤”吗？如果这么理解就讲不通了，既然讲不通也就是解释错了。很大的一锅汤，鸡有落下去的可能，还可以勉强这么辩解。那么“赴汤蹈火”的“汤”又是什么意思呢？是哪一种汤呢？《水浒传》里林冲发配，解差为什么拿汤给林冲洗脚？汤不是喝的吗？“落汤鸡”“赴汤蹈火”以及给林冲洗脚的汤，都不是“两菜一汤”的汤，而是很热的水或者开水。再比方“赴汤蹈火”里的“赴”字，如果解释成“到（什么地方）去”，像“赴京开会”的“赴”那样，就不对了。“赴汤蹈火”的“赴”是“在水里游、游泳”的意思，这样解释跟“蹈火”正好搭配得起来。上海人说的“面汤水”，就是洗脸用的热水；另外使被窝暖和用的“汤壶”（也有叫“汤婆子”的），灌的就是热水。天津人说的“我不会fù水”“这条河太宽，我fù不过去”的“fù”就是指游泳说的，写出来应该是“赴”字。这都可以作为以上所讲的证明。如果不这么讲，就是误释了“汤”和“赴”。

上面举的是不管上下文而把字义解释错了的例子。这里举两个要根据语言环境来理解字义的例子。比方大家正在午睡，窗户外面笛子的声音总是不停，有人对窗外大声说“别吹啦”，这是希望吹笛子的人停止笛声。但是如果有个人实际并没有多少本事，他老是说自己很能干。另外一个人听得不耐烦了，对自夸的那个人说“别吹啦”，这是让他不要说大话的意思。如果把说的“别吹啦”写下来，三个字是一样的(如果加标点，标点也可以相同)，孤零零的就不知道究竟是什么意思，可能把意思领会错了；把说它们的情景也写出来，就容易懂得这两句“别吹啦”的意思的不同点了。同样是“他还在拍”这么四个字，可以指的是拍球的拍，也可以是说阿谀奉承的拍。到底是什么意思的拍，就看是在什么情形之下说的了。把语言环境交代清楚，一般不至于把两个“吹”字、两个“拍”字讲错了。

在现代汉语里，有些口语性强又多少有些方言色彩的说法，有时候有误释的可能。比方“我也干得了，你别拿人”的“拿”，“这孩子真鬼”的“鬼”，“水滚了，快拿壶来”的“滚”等等。

最容易出问题的还是成语中间的一些字，虽然现在常常用这些成语，可是并不一定讲得一字不差。例子在前头已经举了几个，就不用再多说了。另外就是古汉语作品中的一些字，也常出现误释的现象。例如“停车坐爱枫林晚”这句诗里的“坐”字，如果把它当作“坐在床边上”“请坐”的坐讲，把这句诗解释成“喜爱枫树林子的晚景把车停住坐下来”好像也说得过去，实际是误释了这句诗里的“坐”字，这里的“坐”字应该当

"因为"讲。又比方"待晓堂前拜舅姑"里的"舅"和"姑"也是两个很常见常用的字,假使把这一句诗理解成"等待天亮了到堂前向舅舅和姑姑行礼去"那就不对了。这里的"舅"指的是丈夫的父亲,"姑"指的是丈夫的母亲。"舅姑"也就是现在一般说的"公婆"。类似这种似乎说得过去,可是并不正确的讲法最容易迷惑人。如果把"不速之客"讲成"不迅速的不快的客人","快人快语"讲成"很快的(不慢的)人很快的话"这样显然不通顺的解释,人们就不会轻易相信了。

对于熟字,如果没有十分把握,不要随意用自己所了解的那一两层意思去解释,例如上面举的"舅"和"姑"。望文生义,十次有九次半是要出错儿的。对于生字,因为根本不认识,所以讲不出它的意思,不乱讲也就不会产生误释的问题。

前头讲的写别字的问题,其实跟误释字义有很大的关系,要是真把字义弄清楚了,也就不至于用字不对了。

要想避免误释,消极的办法是不知为不知,不随便讲。积极的办法是向明白的人请教或者查字典、词典,主要的是要靠勤学多记。

第十章 字典 写字

字典

“字典”和“写字”这两部分的内容并没有联系。只是谈得都简略，篇幅都不多，因此把它们放到一章里。

碰到不认识的字，可以向别人请教。如果无人可问，或者你问的那个人也不认识你问的这个字，怎么办呢？最好的办法就是查字典（词典）。把字写错了、用错了、读错了、讲错了，都是对字没有真正的全面的认识，只不过认识了一部分，只认识了一个大概。要减少差错、避免差错，除了平常学习时认真努力之外，还可以充分利用字典（词典）。

字典是对字进行解释的书；词典的内容比字典多些，除了单字，还收了一些词、词组、成语。一部字典把它所收的每个字作为一个条目，按一定的次序把它们排列起来。词典则在条目字的下面按一定次序列出由条目字打头的词和词组之类的分条目。

作为条目的每个字印得都比较大，白纸黑字清清楚楚，它就作为字形的标准。不会写的可以照它的样子写；写得正确不正确，可以跟它核对。条目字比较大也便于查找。最早的一部字书是《说文解字》，它对它所收的 9300 多个字的构造有所说明。以后的字典、词典对字形都不进行解释，这对使用字典的绝大多数人来说，并没有什么实用价值，所以也并不让人感到有什么缺陷。

每个条目字的后头都有这个字的注音；有的字是多音字，就分别注出来。有的词典给分条目里的每个字也注上了读音。注音的方法，各种字典、词典不完全相同，不过现在新编印的都有用“汉语拼音方案”注的音。会“汉语拼音方案”的人就能拼出这个字的读音。过去不同的字典、词典有的用“反切”和“直音”，有的用“注音符号”，有的用“国语罗马字”等不同的注音方法。“直音”在前头讲了一下，如果对其余的不明白，可以找讲汉语语音和讲汉语音韵的书籍阅读。

有的字不止一个读音，不能随便选用，该读哪一个音，是有条件限制的。在选择其中某一个读音的时候，一定要注意字典里所举的例子，或者词典里所列的词、词组或成语，如果字典或者词典里出现自己所要找的，那就省事了。不然就必须把这个读音出现的上下文弄明白了，拿自己要查找的进行比较衡量，相合的才能选用这个音。否则就不能选用，而要另外再比较、选择。例如“未雨绸缪”里的“缪”字你不会念，在字典里查到了“缪”字，它有 miào、miù、móu 三个读法。自然只能从中选一个了，这就要仔细看字典里的解释了。“缪”当姓用的时候读 miào；在“纰缪”里读 miù；在“绸缪”里读 móu，正好出现了“绸缪”，用 móu 这个音，这就省事了。再如陶渊明有一首诗，题目是“和刘柴桑”。这个“和”字如果读成 hé 就不对了，hé 刘柴桑干什么？再说，那时候的“和”(hé)也不这么用。怎么读才对呢？在字典里查到了“和”字，它有 hé、huó、huò、hú、hè 五个读法。在“感情不和、和风细雨、讲和、我和你、三加五的和是八”里读 hé，这些意思跟“和刘柴桑”的意思没有关系，所以不该读 hé；在“和面包饺子”里读 huó，在“把药面儿和匀了”里读 huò；在“我还没开和，你都和了三把了”（打麻将牌和纸牌时说的）里读 hú，这些“和”的意思跟“和刘柴桑”里的“和”也不相干，其中的哪一个读法当然也不能选用。“和”还有 hè 这么一个读法，它用在“和谐地跟着唱”和“依照别人诗词的题材和体裁做诗词”这样的意思里。这个意思可以把“和刘柴桑”这首诗的题目意思讲通，刘柴桑做了一首诗，陶渊明依照他的诗的题材和体裁做的这首诗名称为“和刘柴桑”，这里的“和”读 hè 就对了。

在条目字的注音之后，是对这个字的字义做的注解。如果含义不止一种，就一种一种分别注解，每一种叫做一个义项，在义项前标出数目字以示区别；注解之后差不多都举一两个例子表明用法。条目字如果不单独表示意思，就把跟它结合的另一个字在后头一起列出来。如果是古体、繁体之类，就加以说明。

查到了自己要查的字，如果只有一个义项，这就最简单不过了。如果是个不单独表义的，再查列出来的另一个字，到那里看是怎么注解的。比方“亍”字没有意思，后头列出来的是“彳亍”，去查“彳”，看“彳亍”的注解就行了。如果查到的是古体、繁体之类，根据列出来的今体、简体之类去查它就是了。比方查到了“僢(chuǎn)”字，说明是“同‘舛’”，可是“舛”又是个什么字呢，那就再查“舛”字；再比方要查的是“舡(chuán)”字，说明是“同‘船’”，认识这个“船”字，就不必再去查“船”字了。需要注意的是所要查的那个字有几个义项，假使不是为了全面了解它所有的含义，那就要善于选择、妥加选择了。怎么个选择法呢？跟选多音字里的一个读法的情形差不多，同样要根据上下文来决定。例如对“易子而教”里的“易”字是什么意思讲不上来，查到“易”字，当“容易”（“难”的反面）讲的这个意思，像“得来不易”“易如反掌”这样的例子就是原来知道的，同时也明白不能用这个意思去解释“易子而教”的“易”，这就不必考虑了；另外，“易”字还可以当“改变”讲，例子是“移风易俗”。风俗是可以改变的，改变这个意思用到“易子而教”里也不对劲儿；“易”字还有一个“交换”的意思，例子是“以物易物”。“交换”这个意思可以讲得通，比方甲和乙商量好了，甲教乙的孩子数学，乙教甲的孩子语文，这正合乎“易子而教”的意思。

因为供需求各别或者文化程度不同的读者使用，而有不一样的字典或词典。不同的字典、词典所收的字数有的多些有的少些，对字的注解也有详有略；在内容上也有差别，有偏重现代汉语的，有偏重古代汉语的，还有古今兼顾的。要查的某一个字，这一本里没有收，或者虽然收了但是注解不那么详细，那就需要去查收字比较多、注解比较详细的大型的或者在内容上有所偏重的字典、词典。

检字法

上面说字典、词典的条目是按一定的次序排列的，一定的次序指的是什么呢？对条目的排列，有些字典（词典）采用这样一种方式，另外一些采用那样一种方式，还有的又是另一种方式，方式不同，排列出来的次序就不一样。一本字典少的也有几千个条目字，这几千个字用什么方法按什么次序排列才便于查找呢？用这本字典查某一个字，怎样才能找得到呢？编字典的人总要向读者交代这本字典的条目字是怎么排列的。读者使用这本字典的时候，必得掌握使用它的方法，不然就不会使用，很难找到要查的那个字。排列字的方式查找字的方法，一般叫做“检字法”，也有叫“查字法”的。现在字典、词典有的采用音序检字法，有的采用部首检字法，有的采用四角号码检字法。常用的不外这三种，下面分别简单介绍一下。

音序检字法

《新华字典》是大家熟悉的一本字典，它一开头就说明它是“按汉语拼音字母次序排列”的。《现代汉语词典》在它的“凡例”里也说明：“单字条目按拼音字母次序排列。单字条目之下所列的多字条目不止一条的，依第二字的拼音字母次序排列。第二字相同的，依第三字排列，以下类推。”它们用的都是音序检字法。汉语拼音字母的次序是 a b c……x y z，条目就按 a b c……x y z 的次序排列，比方要查“额”字，它的字音是 é，就要到 c 之后 f 之前的 e 里去找，“坐”字要到最后的 z 里去找，“啊”字就到一开头儿的 a 这部分里去找，“马”字在中间部分的 m 里去找。用拼音字母给这四个字注音的话，“额”是 é，“坐”是 zuò，“啊”是 ā，“马”是 mǎ，它们开头的字母决定它们的排列次序应该是这样的：“啊”“额”“马”“坐”。开头的字母相同的字，再按第二个第三个……字母的次序排列。例如“马”mǎ“蜜”mì“莫”mò“母”mǔ。“埋”mái 怎么排列？在

“马”“蜜”之间;“满”mǎn 呢? 在“埋”的后头;“盲”máng 呢? 在“满”的后头。字母都相同的再按声调排列先后,例如妈 mā 麻 má 马 mǎ 骂 mà 嘛 ma。新中国成立前的《国语辞典》用的也是音序检字法,那时还没有利用 a b c……x y z,而是用“注音字母”ㄅㄆㄇㄈ……ㄧㄨㄩ排序的。

部首检字法

部首检字法是从字形着眼的,按字形分析归纳出若干个形体,一个形体就是一个部首。例如“蚊、虾、蚕、蛇、蛙、蛤、蚌、萤、蛀”这些字里都有个“虫”当部件,就把“虫”当部首,设个“虫”部。其他字里有用“虫”当部件的就都归到“虫”部里来;“早、晚、晨、昏、明、暗、暑、暖、晓、暮”这些字里都有个“日”,就设立一个“日”部,字里有“日”的全归到“日”部里。像这样把字分部就订出了若干部,当部的代表的那个形体就叫“部首”;“虫”是部首,名称就是“虫”部,“日”当部首就管这一部叫“日”部,如此等等。每个字都归到它该进入的部里去了,要查某一个字的时候就到它所在的部里找。比方要查个“蜚(fēi)”字,就到“虫”部里去找;要查个“春”字,就到“日”部里去找。这样安排了每一个字,查找的时候就有了头绪。一部字典、词典分的部很多,部的次序又是怎么排先后的呢? 按部首的笔画多少排,先少后多。拿“虫”部和“日”部来说,“日”部 4 画,在前;“虫”部 6 画,在后。如果部首笔画相同,就按它们第一笔笔形来排,比方“缶(fǒu)、羊、老、自、衣、耳”都是 6 笔的部首,像这样的次序找起来费事,可以按第一笔笔形分三组:“老、耳”“缶、自”“羊、衣”。接着可以再按“点、横、竖、撇、折”或者“横、竖、撇、点、折”的次序分，这一点，各部字典、词典的标准就不一致了。同一个部里的字往往有很多个，如果不按一定的次序排列，找起来也不容易，就拿前面举的“虫”部的9个字来说吧，像那样的次序就是没有条理的，其中有个“蛇”字放在中间偏后一点儿，就说不出个道理来，要找它就得一个字一个字看下去。为了便于查找，再按除掉部首剩下来的笔画数目的多少排列，也是先少后多，像上面“虫”部的9个字的次序是“虾、蚊、蚌、蚕、蛀、蛇、萤、蛙、蛤”，其中“蚊、蚌、蚕”都是4画，“蛀、蛇、萤”都是5画，“蛙、蛤”都是6画(全按去掉部首计算的)，它们的次序是按第一笔笔形横、竖、撇、点的顺序排的；“蛀”和“蛇”的第一笔相同，再按第二笔。前面说的查“蜚”字到“虫”部里去找，是对的，可是还没有说完，应该再加上“8画”这一句；“春”字到“日”部的5画里去找，这么说就更具体了。至于分部的数目以及部首的形体，因为没有统一的规定，所以各字典词典并不全同，这就是前面只说若干个部的原因。现在常见的《辞海》《辞源》采用的就是部首检字法，再早的《中华大字典》《康熙字典》也是。这后两种字典对部首和条目字的排列跟上面所介绍的出入要更大些。这种检字法是咱们传统的检字法，东汉许慎的《说文解字》开创了这种方法。

四角号码检字法

四角号码检字法也是从字形着眼的，不过它只采取字的四个角上凸出的笔形。它把凸出的笔形(和某些笔形的结合体)分成10类，分别用0123456789十个号码代表；给采取的四个凸出的笔形订出4个号码。再按它们号码由小到大的次序排列条目。四个角的顺序是:左上:一、右上:二、左下:三、右下:四。例如“涨”字四个角的笔形和顺序是:“丶丿㇀㇏”。四角号码检字法规定丶和㇏这两种笔形算一类,号码是3;丨丿亅三种笔形算一类,号码是2;一㇀乚㇏四种笔形算一类,号码是1,因此“涨”字的号码是“3213”。像“泛”字“滥”字的号码也是3213。又如“侨”字,四个角的笔形和顺序是“丿丿丨丨”,四笔只有两种笔形,这两种又算作一类,号码是2,因此“侨”字的号码是“2222”。再如“甄”字的号码是“1111”,因为它四个角上的笔形“一一㇀㇏”的号码都是1。关于其他号码都分别代表哪些笔形以及“取角方法”和“附号”等等,这里就没有必要一一介绍,欲知其详,请看四角号码检字法的说明就是了。用这种检字法排列条目的词典现在只有《四角号码新词典》这一部词典。

* * *

另外还有按整个字的笔画数目加上第一笔笔形检字的,也还有用其他方式检字的,或者作为某一部字典(词典)的附属检字的辅助,但是采用的很少,一般不大会碰见,这里就不多说了。

三种检字法的比较

上面介绍的三种检字法,都各有长短,就像许多事物很少是十全十美的一样。只要正确地拼出要查的那个字的读音,用音序检字法编的字典词典很快就能找到它;特别是会读不会写或者忘记怎么写的时候,按音找字是最方便最能解决问题的了，这是别的检字法所不能比拟的。困难的地方是，要查的是个不认识的字，根本就不知道它的读音，这就不能按音查字了。部首检字法，只要把要查的字认准了它属哪一部，另外再数一下笔画就可以找得到。最大的困难是记不准都有哪些部，也看不出要查的字该属于哪一部，例如“冉”字。再有，部首的笔画和字里除掉部首之外那一部分的笔画要计算两次，万一计算得不对，就很难找到要查的字。四角号码检字法的长处在于：不管字的笔画多或少、结构的繁或简，只要记住笔形和它的代码，把一个字的四角笔形找对了，马上就能定出四个数字的号码，从而找到这个字。困难的是有的字不是每个角都明显突出，有的笔形似乎可此可彼，只要一个数字错了自然就找不到所要找的字。模棱两可的自然可以再试着查一回，可能就找着了。

字典、词典现在的编者为了方便读者，不论哪一种字典、词典都附有跟这部字典、词典采用的检字法不同的另外一种或者两种检字法编的检字表，给读者多提供查找字的途径。例如《新华字典》有带部首检字表的和带四角号码检字表的两种本子；《现代汉语词典》的正文之前列出部首检字法。这样，对不知道读音的字，可以通过它们去查找。新版的《辞海》有音序和四角号码两种检字表；《辞源》有四角号码和音序两种检字表；《四角号码新词典》附有音序检字表。

写字

无论写什么东西，不应该出现错字、别字，这是最起码的要求。另外也应该要求自己把字写得清楚、干净、整齐、美观，自己看起来舒服，别人看起来明确、顺眼，愿意看。

在前面已经说过，有些字的形体彼此十分相似，它们的差别往往只不过是某一笔笔形的样子或者长短有别或者位置略有不同。如果写字的时候马马虎虎、笔画潦草、结构含混，就会使得有些形体相近的字不容易区分，甲看了说像这个字，乙看了说像那个字，别人也难以判断。这样，就不能明显地表情达意，不是误事，就是使人不愉快，甚至造成严重的后果。比方“没”和“设”这两个字形体很近似，如果写的时候不认真，笔画含混不清，该是“氵”旁却像“讠”旁，或者该是“讠”旁，又像“氵”旁；“没”就会当作“设”，“设”又会当成“没”。例如“本店设有廉价部”的牌子放在店门口，本来是为了招徕顾客的，可是因为“设”字看上去像“没”，就耽误了生意。如果在十字路口设立一块牌子，上面写的是“由此向南向西设有障碍物，向东向北没有障碍物”，其中的“设”和“没”写得可此可彼，弄错了的话，后果不是会很严重吗？因此，一定要把字写得清清楚楚，特别是关键地方使用的字更要格外注意；其中关键性的笔画绝对不能含糊。

写正经东西时如果精神不集中，就会写错了、写颠倒了或者写重了或者写漏了。为了补救，最好是集中精神重新另写；不然涂涂改改勾勾画画，既乱且脏，很不像话。

每个字的大小要整齐划一。笔画多的字写得紧凑些，不要太大；笔画少的字写得开展些，不要过小。特别是用两个字当部件组合成的字，如果不紧紧的靠拢，就可能被认为两个字，像“鼹”字、“蠲”字、“黪”字写得太散，不是很容易被看成“鼠”和“晏”、“益”和“蜀”、“黑”和“参”吗？在过去直行书写的时候，会把上下结构的一个字当成两个字，例如《礼记·缁衣》“恭以涖之，则民有孙心”里的“孙心”就是把“愻”字分散开了造成的错误。

字和字之间以及行和行之间要保持一定的距离，距离要适中匀称，否则行不成行、列不成列，满纸密密麻麻的一片，不仅很难看，阅读起来也很不方便。字和字之间如果间隔不均匀，有时候会把两个字误会成一个字，比方“女子排球队”里的“女”“子”因为写得太靠近了，看起来会像“好排球队”。假使字写得有松有紧，“郑旺京”就有变成“关阳琼”的可能。《战国策》里记载的赵国大臣名叫“触龙”，过去把“龙”字跟下文的“言”字给连得太紧了，就错成了“讋”字。

一页印刷的文字或者名人的题词以及书法作品，哪一页的四边没有不留出空白的，这样一方面看起来舒服，另一方面，即使纸的边边上有些破损也不会损伤到文字。如果写的是要修改的东西，留的空白就更要多一些，这样才有改写的地方。

有的人写出来的东西，既没有错字别字，也很少甚至没有涂改勾乙，行款格式也没有问题，能做到这一步可以说已经不是很容易的了，这不能说不合要求了。不过那上面每个字的样子实在不好看，这里说的不好看，包含两层意思：不美观和不容易辨认都可以说是不好看，有的写得横不横、竖不竖，松松垮垮、歪歪扭扭；也有的笔笔带钩、弯弯曲曲，或者牵连而下、忽疏忽密。还有的伸拳踢脚、张牙舞爪，或者龙飞凤舞、不行不草。总而言之，不是看起来不舒服，就是看起来很费劲甚至于谁也辨认不准。

书法是一种艺术

如果有人用毛笔写字写得跟用铅字印出来的不相上下，那当然不能说写得不好。可是，喜欢挂一两幅字装饰房间经常观摩的人，大概没有谁用写得像印刷品的东西装饰房间的。这是为什么呢？因为用毛笔写的字除了实用的一面之外，还有可以供欣赏的一面。写得像印的，从实用的标准说，无可厚非；不过从欣赏的角度来衡量，就谈不上什么艺术水平，因此谁也不挂这样的东西装饰房间。口号、标语之类不在此例。

写出来的字非常美、有特色，大家喜欢看，看的时候可以得到一种美的享受；越看越有兴趣，愿意反复观赏的，叫做书法作品。讲究写字的美，称为书法。书法是我国特有的一门传统艺术。对书法造诣高被大家推崇的人，人们称之为书法家。有的书法家的字十分端庄工整，可是看起来一点儿也不沉闷呆板。有的写得非常舒展流畅，却是动中有静，有一定之规而没有野气火气。也有的古朴凝重而不怪不蠢。有的秀丽潇洒，绝不浮滑轻俗。还有的善于变化取势，毫不矫揉造作故弄姿态。总而言之，不论所表现出来的形式如何，它们都各有各的意趣。书法是格调高雅的一门艺术，绝非媚世之作。

在中国，书法已经有相当长久的历史了，各个时期都有著名的书法家出现。看这本书的读者大概都知道大名鼎鼎的王羲之，他是晋朝的书法家，距离现在有 1600 多年了。第 31 页图 13 是王羲之字迹摹本的片断。在他之前还有别的书法家，可是不如他的名气大，流传下来的作品也不多。王羲之的儿

图 15

图 16

图 17

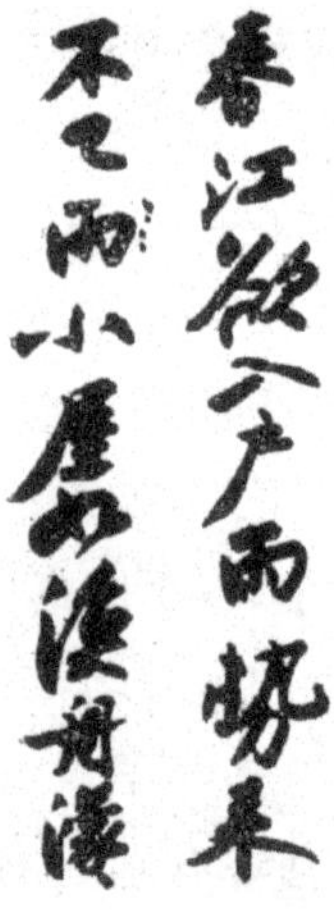

图 18

图 19

图 20

子王献之也是书法名家，图 15 就是他的作品。唐朝人对书法特别重视，有名的书法家很多，其中有的对后世一直产生着影响。“欧、褚、颜、柳”是唐朝四大家，欧是欧阳询，褚是褚遂良，颜是颜真卿，柳是柳公权。以前出版的中学生字帖有一种选用的是颜真卿的字，另一种选用柳公权的。图 16 是欧阳询写的碑刻石拓本，图 17 是褚遂良的墨迹。唐朝著名书法家还有：虞世南、孙过庭、李邕、张旭、怀素等名家。宋朝的苏轼、黄庭坚、米芾、蔡襄被认为是宋朝的四大家，简称“苏、黄、米、蔡”。他们的作品大多是行书和草书，他们的楷书也各有风采，但大多并不宜初学者临摹。年轻读者也许只知道苏、黄的文章和诗词，而没有见过他们的字。图 18 是苏轼的墨迹，图 19 是黄庭坚的墨迹。元朝有赵孟頫等书法名家。中学生字帖有一种选用了赵孟頫的字，可能不少人会知道他。图 20 是他的墨迹。明朝、清朝和现代都有不少有名的书法家。甲骨文、金文和秦汉石刻、竹木简以及南北朝的石刻，其中虽然有许多精美的作品，不过它们都出自没有留下姓名的高手。

进行书法锻炼，可以提高写字的水平，领会书法的美，这是一种艺术修养。画国画的人不仅在画本身上下功夫，对书法也同样是下功夫的，因为书法成就的高低对画的水平很有影响。有的国画作品上不题某某人画，却题某某人写，意思是运用书法的运笔来画这幅画的。讲国画，有所谓“书画同源”的说法。享有盛名的国画大师们的字确实十分精美。篆刻跟书法的关系更加密切，如果字写得不高明，怎么会刻出高雅像样的印章来呢。有些文艺工作者练习书法，为的是帮助提高他们自己所从事的业务水平。最近有人认为经常认认真真练字，不仅可以养生而且对某些慢性病可以起到一定程度的治疗作用。这且不论，书法锻炼起码能使人平心静气，陶冶人的性情，已是大家公认的了。现在小学中学一般都有习字课，咱们应该重视它，认真练习写字。练习书法要做好的准备应当：(一)不能一提笔蘸墨就随心所欲地大写特写一气，其结果不是墨猪就是涂鸦。应该选用编印精良的名家字帖照着认真临写。如果基础差，最好从学写楷书入手，耐心临写坚持下去，切莫坐在此山望着彼山高而半路改弦更张。把字写周正了，打好基础之后，如果改学另外的体便不至于事倍功半吃力不讨好了。(二)写毛笔字，文房四宝的笔墨纸砚自然必须备齐(不过如今多用墨汁注入墨盒顶替了原来的墨锭和砚台)，工欲善其事，必先利其器，用笔写，笔十分重要，要选对的，不挑贵的。毛笔大体上分羊毫笔、狼毫笔，又分大、中、小三个型号。笔要求圆、尖、劲、直。(三)写字时不可心浮气躁，执笔的力度和高度都要适中，坐姿要端正。听从老师或者有书法修养的长者指导，养成良好的习字习惯。把字写好了，既有实用价值，又可以培养对书法的兴趣，提高性情和艺术修养。书法是中国的传统艺术，源远流长，咱们应该对它十分珍爱并且争取继往开来、发扬光大。

咱们祖国的书法艺术很早就传到邻邦日本了，并被他们吸收了过去，他们称之为“书道”。日本的书道家各个时期也是名家辈出，不仅汉字写得很出色，写他们的平假名作品也非常有意味，日本的广大人民一直重视并且喜爱书道艺术。

附录

一、历来研究汉字的简况

我们中国人很早就注意研究汉字了。公元 100 年，也就是汉朝的永元十二年，许慎著成《说文解字》，这是一部最早的研究汉字的著作。

在《说文解字》之前虽然有《仓颉篇》《爰历篇》《博学篇》等字书，不过这些书不是研究文字、解释文字的，而是像过去流行的《日用杂字》《百家姓》之类押韵而便于讽诵记忆的字书。这些书对汉字的研究用处不大。

《说文解字》收了 9353 个字，以小篆为主，当时能见到的古文字也收到书里，列在小篆之下。这 9000 多字是按部首排列的，许慎共分 540 部。就汉字来说，这样编排是相当好的办法。这种排列字的办法对后来字典、辞书的编排有很大的影响。在《说文解字》里，同一部的字，意义有关联的放在一起。讲每个字的时候，先解释字的意思，再解说字的结构，有时候也说明读音。

《说文解字》编得非常好，内容充实，书成之后没有多久就为人重视，对后世的影响也很大。这部书后人简称为《说文》。

在汉朝，除了《说文》之外，还有《训纂篇》《滂喜篇》《凡将篇》《急就篇》等书，性质与上述的《仓颉篇》等相同。这几部书只有《急就篇》现在还能见到，其余的早已亡失了。

《说文》之后，到晋朝有吕忱的《字林》，也已经亡失。据别的书记载，知道《字林》也把字分为540部，但是收的字比《说文》多一些，而且是用隶书写的。

在六朝，有陈朝顾野王编的《玉篇》，收字16900多，也是仿《说文》编排的，只是部首的名目、次序、数目与《说文》略有不同。现在通行的本子是经过后人改动的，字数增加到22000多，可是注解却简略多了。唐朝人抄写的《玉篇》残卷，注文详细，可能是原本的样子。

今天见到的《千字文》是六朝梁周兴嗣编的，但这不是研究文字的字书。从一些书里的记载知道，由魏到隋这四百年间还有一些讲文字的书，但是都已经亡失了。

六朝时，字的写法有混乱的情形。到唐朝，为了廓清混乱的情形，使写法规范化，于是有颜师古的《字样》、杜延业的《新定字样》、欧阳融的《经典分毫正字》、颜元孙的《干禄字书》等书出现。这些书的功用是在正字。《字样》《新定字样》《经典分毫正字》已经亡失，现在只能见到《干禄字书》。

唐朝的李阳冰曾经以他的见解改动《说文》，有的说法很新鲜，有的说法很奇怪，没有什么道理。因为后人攻击，他的书没有流传下来。他的说法只能从别人攻击他的文章里见到一些。

《说文》既经李阳冰改动过，就不是许慎原书的本来面目了。到宋朝，徐铉曾校订《说文》，徐锴曾给《说文》做注释写成《说文解字系传》。前面说的攻击李阳冰的话就见于《说文解字系传》里的《祛妄篇》。如果没有徐氏兄弟，《说文解字》全书到底怎样，我们大概就不会知道了。徐铉是徐锴的哥哥，通常称徐铉为大徐，称徐锴为小徐。

宋朝的郑樵开始注意“六书”理论的研究，他的说法见于他的《通志略》里的《六书略》。

宋朝人也开始注意古文字的搜集、研究。有名的文学家欧阳修编过《集古录》；有名的词人李清照在她写的《金石录后序》里，记述了她和她丈夫赵明诚编《金石录》的情形。这一类的书，现在常见的有薛尚功编的《钟鼎彝器款识》，王俅编的《啸堂集古录》。

隶书也是宋朝人才开始注意的。洪适（音 kuò，不是“适”字的简化写法）集录汉碑文字编了《隶释》《隶续》。

元朝研究文字学的人着重“六书”的研讨，最有成绩的是戴侗，著有《六书故》，他的说法常为后人称引。

明朝梅膺祚编的《字汇》，以笔画多少来排部首的次序，同一部首的字也按笔画的多少作为字出现先后的标准。这是个发明，是汉字检字法上的创举。后来清朝的《康熙字典》以及现代的《辞源》《辞海》之类字典辞书，也都用这个办法来作为列字的次序。

清朝乾隆、嘉庆年间汉学兴起，汉学家反对宋学家的空谈义理，认为要明声音训诂之学才能通经，而识字是读经之始，因此文字学大兴。研究《说文》的人很多，最著名的有段玉裁、桂馥、王筠、朱骏声四家，其中又以段玉裁最为著名。

段玉裁著《说文解字注》，这是一部博大精深的著作，是研究文字学的一部必读书。桂馥著《说文解字义证》，他博引群书给许慎的说法找证据，可是不加入自己的看法。王筠著《说文句读》和《说文释例》，前一部书多采段、桂两家之说而删繁举要，有不同的意见时则说明自己的看法。有句读，尤便于初学。后一部书为全部《说文》作例，说出他的研究方法，给人指出研究的门径。朱骏声著《说文通训定声》，用18个古韵部分列《说文》所收的字，把谐声偏旁相同的字都放在一起，以明音义的关系。

清朝人研究《说文》的书有100多种，1928年丁福保编《说文解字诂林》，各家的说法差不多都搜集到了。要了解各家说法，翻检《说文解字诂林》是很方便的。

对金文的搜集研究，清朝人也很注意，而且有一定的成绩。《西清古鉴》是一部官书。《积古斋钟鼎款识》是阮元编著的。早期的作品对文字的考释总难免有不甚精审的地方。吴大澂编著的《说文古籀补》完全搜集文字，除金文外，玺印、陶器、石鼓等文字也在收罗之列，把文字加以排比、整理、考释，是一部有用的书。他还著有《字说》，也有不少新的见解。

碑刻文字的搜集、整理在清朝也有人注意。这方面的著作有王昶编的《金石萃编》、顾蔼吉编的《隶辨》、翟云升编的《隶篇》、赵之谦编的《六朝碑别字》等。

1899年(清朝光绪二十五年)发现河南省安阳市小屯村出土的甲骨文，这是前人从未见过的研究古文字的重要材料。《老残游记》的作者刘鹗把他收藏的甲骨在1903年编成《铁云藏龟》，这是一部最早整理研究甲骨文的书。孙诒让研究甲骨文写成《契文举例》。

研究汉字拼音化也是从清朝开始的。因为感到汉字学用都不便，同时受了西洋传教士的拼音文字的影响，所以有汉字拼音化的想法。光绪末叶有卢戆章的《中国第一快切音新字》、蔡锡勇的《传音快字》、王照的《官话合声字母》、劳乃宣的《增订合声简字谱》等书出版。

辛亥革命之后,文字学的研究偏重金文和甲骨文。这一来是因为在《说文》和六书理论上前人已经著述颇丰,二来是因为前人对金文只开了个头儿,甲骨文的研究正在兴起。

在金文方面,罗振玉编的《三代吉金文存》搜集的材料相当多。此外还有不少学者编著了一些图录之类的书,都是研究金文有用的资料。当代学者研究金文的人很不少,著作也丰富多彩。想对金文了解,可以看郭沫若先生的《两周金文辞大系》、容庚先生的《金文编》等书。

在甲骨文方面,罗振玉编的《殷虚书契前编》《后编》《续编》搜集的材料不少。甲骨散到各收藏家手里的很多,因此就有人编辑出版了一些书。新中国成立后,中国科学院考古研究所把历年在小屯发掘到的甲骨编辑成《殷虚文字甲编》和《乙编》,材料是很丰富的。

关于甲骨文的研究,近几十年来成绩相当大,有许多专家,有许多著述。为了对甲骨文有个大概的认识,可以看郭沫若先生的《卜辞通纂》、唐兰先生的《殷虚文字记》、孙海波先生的《甲骨文编》等书。

在对甲骨文和金文进行综合的研究方面,唐兰先生的《古文字学导论》是一部值得推荐的书。

讲汉字文字学的书,早期的有朱宗莱的《文字学形义篇》,近期的有唐兰先生的《中国文字学》,都可以参看。

汉字改革的研究在新中国成立前的几十年才被人注意,

可是在新中国成立后的数年里却有了极大的发展，为人重视的程度和工作的成绩都是前所未有的。汉字改革方面的著作很多，《国语月刊》的“汉字改革号”、李中昊先生编的《文字历史观与革命论》、倪海曙先生编的《中国语文的新生》里面都搜集了不少文章，这三本书是在新中国成立前出版的。新中国成立后这方面的著作更多，见于各报章杂志，也有编辑成书的。《第一次全国文字改革会议文件汇编》里面有不少重要文章，是一本应该读的书。周恩来总理的《当前文字改革的任务》是一篇重要报告，应当认真学习。

二、近指指示词“這”的来源*

近指指示词“這”字，现在见到的最早用例是寒山诗：“冬夏递互用，长年只這是。”① 拾得诗：“不省這个意，修行徒苦辛。”② 这个“這”在当时大概是一个新兴的口语词，因为寒山、拾得的诗中还有沿用已久的近指指示词“此”和“斯”。“這”字用作近指指示词，是不是从寒山、拾得时代（7 世纪）才开始的，还不能肯定。再早的用例现在还没有发现。

“這”字在《玉篇》里音“宜箭切”，当“迎也”讲（第 10 卷，辵部），《广韵》的音切和释义跟《玉篇》相同，只不过反切用字不一样（“鱼变切”。去声线韵）。郭忠恕在《佩觿》里说：“迎這之這为者回，……其顺非有如此者。”这大概是因为字形相同，而认为指示词的“這”字就是借用这个动词的“這”字。后人也有主张这个说法的。其实这两个“這”字，除了形体相同之外，别无其他关联。

《龙龛手鉴》第 2 卷口部里还收了一个“這”字，说是“唁”字的俗体，有两个音义：音“宜箭反”，当“吊失国也”讲；音“语斤反”，当“唁咢也”讲。这个“這”字跟指示词的“這”字也只是形体偶同，音义方面也全无联系，两者之间自然不会有什么瓜葛。

---

* “這”字现在已简化作“这”。为便于讨论，本文仍用“這”。

玄应《一切经音义》第 3 卷里的《摩诃般若波罗蜜经》第 13 卷“適生”条下说：“三苍古文啇、這二形，同之尺反。”又，第 6 卷里的《妙法莲华经》第 1 卷“適从”条下说：“三苍古文作這，同尸亦反。”又，第 24 卷里的“阿毗达磨俱舍论”第 11 卷“適被”条下说：“三苍古文作這，同之赤、尸亦二反。”孙星衍在前两条下分别说：“三苍古文作這，即適字，与言形近，故写从言。今俗借這为者字，不经甚也。”“這即適字，不从言，今俗以为者字假音。”“這”字来自“適”字的古文是一种可能。但是古文是秦篆以前的一种书体，后代人除了特殊需要，大概一般是不会想到写古文的；寒山、拾得时代（或再早些时）的指示词“這”字，写的大概也不是“適”字的古文。“這（適）”跟“者”的音既不相同，也不相近，孙说不可信。

我们认为“這”字跟“適”字的草体写法有联系，“這”字就是由“適”字的草体楷化演变而来的。“適”字在汉晋简牍墨迹里，有写成像下面的样式的：[3]

在传世的法帖中有写成下面的样式的：[4]

中间部分和“言”的草体写法十分近似；还有写成的，[5]跟“這”的样子就更接近了。在汉永兴二年（公元 154 年）“东郡厥县东阿西乡常吉里芗他君石祠堂”刻石中有字，有关的文辞是：“取石南山，更逾二年，這今成已，使师操豪，

山阳虾丘。”[6]在楼兰故址发现的文书墨迹中，也有這字，有关的文辞是：“□麦這得廿斛，即与赵督”（“麦”字前疑有阙文）。[7]联系上下文看，这两段文辞中的“這”字都以释作“適”字为长。

《大正新修大藏经》第14卷《文殊师利问菩萨署经》：“便自念，当学何法，而为一切作明令其无冥。這有是念，便见佛在虚空中住言，善哉，善哉！……”（439页）中的“這”字，《大正藏》的校注说，宋、元、明本及宫内省图书寮本作“適”字。这可以证明上举芗他君石祠堂刻石和楼兰故址文书中的“這”字就是“適”字。

“適”字，《广韵》昔韵除了也有玄应说的“尸亦反”和“之尺（赤）反”这两个音之外（反切用字不同，《广韵》“施隻切”和“之石切”），锡韵还有“都历切”一读。以上三个“這”字，是《广韵》音“施隻切”的“適”字的或体。[8]音“施隻切”的“這”字，跟近指指示词的“這”字在语音上联系不上。

在敦煌变文《李陵变文》里，有这样一段：[9]

> 单于怕急，不敢登前，马上逡巡，报左右曰：“急守趁贼来。大家疲乏，虽行千里，约损万人。纵得汉兵，知将何用！不如早回却。”左右对曰：“大王自将十万人来，覆五千，不盖其荣，返昭（招）挫褥（辱），拓回放后庭还来，小弱不诛，大必有患。陛下更战，汉必败降，不至午时，陵军走败。”单于闻语，即〔趁〕李陵。

其中“拓回放后庭还来”一句，联系上下文来看，意思是说“这一回放跑了以后一定还要来的”（“庭”与“定”音近，当是“定”字之误）。在这一句里，“拓”字当近指指示词用显然无疑。在与变文同时或变文前后的文献中，除此一例之外，还没有发现拿“拓”字当近指指示词用的，“拓”本身不是一个近指指示词，必然是某一个近指指示词的误写。

变文以及变文前后的文献中，常见的近指指示词有“此、斯、是、這、者、遮”，“拓”字跟它们在形体上都不相近，因形近而误的可能是不存在的。

“拓”字，据《广韵》有“他各切”（铎韵）和“之石切”（昔韵）两个音。近指指示词“這”字的古音我们还不知道。不论“拓”字“他各切”还是“之石切”，跟“此、斯、是、者、遮”的音都不相同也不相近，“拓”字跟它们之中任何一个字也不会是因音同或音近而误的关系。上文说明“適”字也可以写成“這”，“適”有“之石切”一音，《切韵》残卷昔韵的“之石反”小韵说：“適，又作這。”[10]这正好跟音“之石切”的“拓”字联系起来。由此可以推知上引《李陵变文》中的“拓”字是近指指示词“這”字的同音代替字。近指指示词“這”音“之石切”，在今天的方言里还可以找到证明，江苏的扬州、山西的太原、河北的张北都把近指指示词说成“之石切”这样的音。

由“適”字演变而来的“這”字专门当近指指示词用，“適”字仍然保存原有的用法，各司其事，互不干扰，因而并存不废。这就跟由“著”字而来的“着”字能和“著”字并行并用的情形一样。近指指示词音“之石切”的“這”字和动词音“鱼变切”当“迎也”讲的“這”字音义都不同，并且指示词的“這”字口语性又非常显著，[11]同时，在指示词的“這”字兴起之后，动词的“這”字已经不通行或者用得非常之少了，因此这两个“這”字是不会混淆或者很难混淆的。这跟由“聖”字而来的“圣”字和

"苦骨切,汝颍间谓致力于地曰圣"(见《广韵》没韵)的"圣"字的关系仿佛。假使这两个"這"字纠缠得利害,近指指示词的"這"字也就不容易用得开来,更不要说行之久远了。

在寒山、拾得之前,以及从寒山、拾得到敦煌变文这一大段时期(三百年上下)里,还没有发现"遮"字当近指指示词用的。就《敦煌变文集》来说,近指指示词"這"字远比"遮"字使用的次数要多得多。我们没有子细通检《敦煌变文集》,只在《韩擒虎话本》里见到"遮"字当近指指示词用了两次,《维摩诘经讲经文》里用了一次⑫(容或有遗漏没有见到的,大概也不会漏多少)。据此可以设想,作为近指指示词用,"遮"字比"這"字要晚得多,近指指示词"遮"字可能在晚唐五代才开始出现。"這"字如果比"遮"字(近指指示词)出现得早,就不会是由"遮"字变来的。⑬

附 注

① 《寒山子诗集》,四部丛刊影印建德周氏影宋本,15 页上。

② 同上,54 页上。

③ 分别见《书道全集》第 3 卷,94 页〔第 3 片〕(参看同书释文 31 页);又,83 页〔第 5 简〕(参看同上 29 页);《书体大字典》第 11 卷,175 页;《居延汉简甲编》图版 114,第 1533 号(参看同书释文 64 页)。

④ 《十体字范》后编,下卷,1065 页。

⑤ 《流沙坠简·简牍遗文》,3 页下(参看同书考释 6 页)。

⑥ 据墨拓本。原石藏于故宫博物院。这个刻石中的"追、还、道"等字的辶旁均作辶。

⑦ 《书道全集》第 3 卷,101 页(参看同书释文 32 页)。这个文书

中的“近”字的辶旁也作辶。

⑧ 参看《龙龛手鉴》第 4 卷辵部“這”字:“……香〔原误作“音”,据该书智光《序》改正〕严申隻反。”

⑨ 《敦煌变文集》,88 页。

⑩ 王国维钞本:《唐写本切韵残卷》第 3 卷,40 页上;又见姜亮夫:《瀛涯敦煌韵辑》第 3 卷,44 页下。“之石反”小韵之前的“渍施反”〔或为“施积反”之误〕小韵的“適”字下没有注“又作這”之类的话。

⑪ 敦煌变文《叶净能诗》里,近指指示词通篇用“此”字,只有“使者高声作色:‘咄! 這府君,因何取他人妇为妻,太使极怒,令我取你头来!’”(《敦煌变文集》218 页)一句用“這”字。又,《李陵变文》里也是通篇用“此”字,只有上文所引的那一段中的一句用了个“拓(這)”字。

⑫ 《韩擒虎话本》:“尀(叵)耐遮(這)贼,临阵交锋,识认亲情,坏却阿奴社稷。”(202 页)又,“叵耐遮(這)贼心生为倍(违背),效(搅)乱中圆(原),今日把来,有甚李(理)说。”(203 页)《维摩诘经讲经文》:“及到遮身今有疾,何殊枯树即须倾。”(581 页)。

⑬ 《龙龛手鉴》第 4 卷辵部“這”字:“音彦,迎也。……郭迻音遮。”郭迻是什么时候的人,今不可考,但是由统和十五年(公元 997 年)智光在《龙龛手鉴·序》中说的“郭迻但显于人名,香严唯标于寺号。”来推测,郭迻大概也就是 10 世纪的人。“這”音“遮”,可以看出近指指示词“這”字和“遮”字之间的一点消息,不过由此并不能证明“這”字来自“遮”字;这倒可以说明近指指示词“這”字在 10 世纪的读音。

(原刊《中国语文》1964 年第 6 期)

三、重说“這”字来源兼谈“拓”字

三十年前写《近指指示词“這”的来源》[1]时，解决“這”何以会是从“適”而来的问题自然不应回避。玄应《一切经音义》中虽然多处说“這”是“適”的(三苍)古文，但是我们没有见到他据以立说的《三苍》，不能证实。“適”的古文，《说文解字》里没有，《汗简》和《古文四声韵》里的写法都跟“這”的形体相去甚远，玄应的古文说可疑。孙星衍在玄应书中解释说：“三苍古文作這，即適字，与言形近，故写从言。”適是小篆的写法，其中的跟小篆的(言)形并不相近，孙氏之说颇嫌牵强。

在上述那篇文章中，我们认为“這”是由“適”的草体楷化演变而来的。当时见不到的一些材料如今能够见到，因而看出草体楷化的说法是不正确的，应当否定。现更正如下：

《秦汉魏晋篆隶字形表》[2]（以下简称《字形表》）的 1722 页里有个

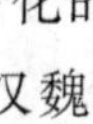

字，它出现在长沙马王堆汉墓出土的古地图上。含有此字的文句仅只“于逭里”三个字。《字形表》的编者对这个字的音义不能确定，所以把它放到“附录”里。字下有按语说：“《说文·走部》有趧字，逭疑为趧字别构。”我们认为这个字并非“逭”，自然也就不是“趧”字的别构。同墓出土的古地图里有个

〔部〕字(429 页)③，也还是同墓出土的《老子》乙本卷前古佚书里的“部”字跟上引古地图上的形体可谓全同。此外，山东临沂银雀山汉墓出土的《孙子兵法》和《孙膑兵法》里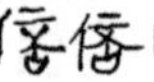〔倍〕字(568 页)的右半跟上述两个“部”字的左半形体非常相像。前举古地图上的那个字如果是“遈”，它中间的“音”应当跟上举“部”“倍”中的“音”形体相同或者十分相似。然而两相对比之后，就可见其差异，可知其非“遈”字。

前举古地图上那个字中间的，其实是“言”的一种写法，这从《老子》乙本里的

〔诸〕字(147 页)和《老子》乙本卷前古佚书里的

〔詐〕字(161 页)左半的“言”可以得到证明。时间略早于马王堆汉墓的湖北云梦睡虎地秦墓出土竹简上的〔言〕字(144 页)和一些言旁字里的“言”，也都跟上举“詐”字左半的“言”形体近似。如此，古地图上的那个字实为“這”字。“這”是“適”字别构。

在睡虎地简里已有写成(如“谓”“谋”的左半，分别见于 145 页、150 页)和(如“谒”“论”“试”的左半，分别见于 146 页、150 页、155 页)的；《老子》甲本后古佚书里的“言”字和《孙子兵法》里“诸”字的左半则都写成(分别见于 144 页、147 页)。虽然目前还没有见到西汉时的，但是类似的写法并非不可能，在日后考古出土的新材料中或许会发现。到了东

汉晚期，这样的写法在永兴二年（公元 154 年）的一件石刻文字中出现过，我们曾经引用；如今又见到永寿三年（公元 157 年）一件石刻上的字[④]，跟永兴二年刻石上的字形大同小异。这两件石刻跟前述古地图相去三百年左右，但在“這”的写法上却是一脉相承的。

东汉以及晋时的“這”字从文义上看，都应该理解为“適”。古地图上相关的文句只有“于這里”三个字，若是个地名，则无义可言。然而可以肯定它不是音“彦”训“迎”的那个“這”字。这个“這”字在慧琳《一切经音义》里出过过几次，其中“遃请”条说：“上音彦。苍颉篇：遃，迎也。广雅：行也。古今正字从辵从彦；或从言作這，亦通。”[⑤] 今本《玉篇》：“這，宜箭切，迎也。”是不是后人增收的，有待考证，然而它的出现大概不会早于音之石切的“這”。

就字形来看，《字形表》105 页“適”字下所收《老子》甲本里的写法有如下两个：

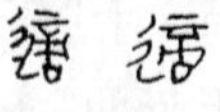

可以看得出来前者是小篆的简化写法，而后者则是前者的简化写法。无独有偶，《老子》甲本后古佚书里有个

〔敵〕字（216 页），左半的“啇”跟上举后一个“適”字右半的“啇”形体可以说是一样的。拿上举《老子》甲本里后一个写法的“適”跟古地图上的“這”来比较：

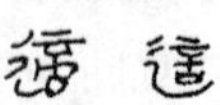

二者主要的差别在于横贯于中间竖笔的那一处，前者是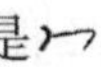，

后者是一。∼变成一并非不可能。例如上举“敵”字里的⋈，在这里说的“適”字里就写成了∼，简化掉一笔；进一步简化成∼或∼也不一定不可能，如再简化就变成一横画。大家都知道“责”字上半的第二个横画就是由⋈演变而来的。

经过如上的比较分析，现在我们认为“這”是由“適”逐渐简化而来的，“這”是“適”的简化写法。《说文解字》：“適，之也。从辵、啻声。適，宋鲁语。”其中的“啻”演变为“言”就不能起到表声的作用，只不过在字中充当个形体符号而已。按照传统说法，“這”是“適”字的俗写，“這”是个俗字。

* * *

在过去那篇文章中我们根据敦煌变文《李陵变文》“拓回放后庭还来”里的“拓”字，认为它该当是个近指指示词，而“拓”又有个读音是“之石切”，这正好跟《唐写本切韵残卷》（王国维抄本）昔韵里“之石切”的“適，又作這。”读音相合，因而认为这一句里的“拓”是“這”的同音替代字，以论证敦煌变文时代近指指示词“這”读“之石切”的音。对于这个“拓”字，不止一位先生觉得它可疑，而认为“拓”是与之形近的“柘”之讹，因为“柘”跟唐代常用的近指指示词“遮、者、赭”或同音或音近。《敦煌变文集》误植是有的（比如上引句中的“庭”字就印错了，原卷是“度”字。我们过去校“庭”为“定”，真是以讹传讹），但是这一句里的“拓”字却明白无误；原件复印本⑥非常清晰，提手旁的扌一点儿也不含糊。

因为方言的差别，或者新派老派、文读白读、音读训读的不同之类的原因，在某一地区某一时期之内对同一事物（特别是有的助词）往往出现不同的说法。这样，近指指示词在敦煌地区、敦煌时代的人们嘴里是不是只有一个说法呢？如果能肯定彼时彼地只有“之夜切”（或与之音近）一种说法，那么就可以肯定写《李陵变文》这个卷子的人把“柘”错成了“拓”。在《敦煌变文集补编》的《维摩诘碎金》里有：“天与地，白皑皑，尽是天花到处堆，似锦似絪這（遮）□恶，如霜如雪覆尘埃。”⑦这么几句，其中的“這”，编者们校作“遮”，十分正确。这足以说明“這”在彼时彼地读“之夜切”与“遮”同音。然而这并不足以证明不读“之石切”的音。时代跟敦煌变文相近的《龙龛手鉴》辵部里“這”字的注音有五个，其中跟本文要讨论相关的有“之石反”和“音遮”两个音，遗憾的是没有注明某音为某义。“這”作为近指指示词在敦煌变文里大量出现，它可以音“遮”，但未必只这么说；它也可以音“之石切”，却未必不这么说。《李陵变文》卷子上明明白白写的是“拓”，想必其写手说的是“之石切”这个音。

在《朴通事谚解》的《单字解》里有这么一条：“這，此也；這个、這里。俗呼二音：之夜切져，之石切지；俗从지音者多。”这条材料我们认为很能说明问题，虽然跟变文时代隔的时间长了些，不过似乎还很有参考价值。语言中的某些部分有的常常延续得很久很久，跟《单字解》距离总有好几百年的今天，在一些方言里近指指示词在平常说话时是“之石切”的音，在念书读报时是“之夜切”的音，写的和看的都是“這”字。

有好几位先生在他们的大著中或多或少提到我们谈“這”的来源那篇拙文，深感荣幸。然而发觉其中有说得不对的地方之后，又极为愧疚；尤其是见到有一位竟谬奖说：“谈‘這’的形变可信，谈音义的演变还得再商榷”，则更令人惶恐不安。

觉今是而昨非，知过必改，写此小文，以匡前谬。错误或仍难免，尚希方家指正。

附　注

① 《中国语文》1964年第6期。

② 《汉语大字典》字形组编，四川辞书出版社，1985年。

③ 指《字形表》的页数。下同此。

④ 济宁地区文物组、嘉祥县文管所：《山东嘉祥宋山1980年出土的汉画像石》图26第29石，《文物》1982年第5期。

⑤ 卷65《五百问事经》。

⑥ 多承北京图书馆善本部郑培珍女士的大力帮助，得到复印本，特此致谢。

⑦ 周绍良、白化文、李鼎霞编，72页，北京大学出版社，1989年。

（原刊《吕叔湘先生九十华诞纪念文集》，
商务印书馆，1995年1月。）

后　　记

上世纪的 80 年代初，一位相熟的编辑同志为了应急要我赶工写出一本有关汉字的小书作为替补，以便他好交差。对它的要求不高，读者对象主要是中学生和有中等文化水平的读者，着重讲讲当今汉字的各方面。因为是朋友亲自找上门来，不好推辞；二来这份活儿自认为还能拿得下来，也就应了下来。由于为了避让一下写前一稿的作者，因为我们三个人彼此都认识，那位编辑让我出书时最好不用真名实姓，我也同意了。

上面说的那本小书就是如今这本书的前身。原本不过是一些浅说，老生常谈而已。卑之无甚高论，已经束之高阁多年了。不料商务印书馆的一位编辑先生认为那书可以作为他们的"汉语知识丛书"里的一个品种。我明知这是老调重弹，然而毕竟还是同意炒冷饭的个中缘故是因为：有位青年同事准备考研究生，向吕叔湘先生请教，应该读些什么备考的参考书。吕先生开出的书目中有我上述的那一本。我听到了不禁欣幸万分，真是没有想到的事情。可以设想如果在大学没有听过文字学方面的课，当打算进一步深造时，或者想对汉字有些粗浅了解的朋友，则不妨看一下那本拙作，从中或者可以获得个一星半点儿有关汉字的常识。我这么申说，颇有老王卖瓜的嫌疑罢。

此书并非上次那一本的翻版，最大的改动有两点：(一)书名原为四个字，此次精简两个字；(二)作者用了真名实姓。全书内容保存了本来面目，但是在若干字句上有所增删改动。

此外要交代的是一项新的补充：1958年我有一本为了配合初中《汉语》课本讲“文字”部分而编写的小书，以供讲授《汉语》的教师和一般读者参考。那小书《历来研究汉字的简况》为上次那本所无，现在按原文(个别地方略加改动)把它移植进来作为附录。敝帚自珍我不否认，之所以移植是有来由的：我曾经发现我那《历来研究汉字的简况》的全文居然被不知哪位搬运到别人写的书里去了。看得出来是为了躲避抄袭的名声而把原文的几处虚字眼儿给变换了。破笤帚未成疙瘩谁拿去都能扫除灰尘。不论如何，这足以证明《历来研究汉字的简况》是一个香饽饽，否则谁会当文抄公呢。

我的一位知己好友得知这一次的出书，他认为此书既然是讲有关汉字的，似乎应该把《近指指示词“這”的来源》收进来，因为这是好几位专家注重的一篇佳作，借此刊载，以便读此书的朋友欣赏，难道不是好事一桩吗？我无言以对，便言听计从。

《近指指示词“這”的来源》发表之后，我发觉文中有欠妥处，遂写《重说“這”字来源兼谈“拓”字》加以匡正。可能因为刊载此篇之文集印行仅只一千册，故知此篇者稀。前篇既出，则续篇自当阑入。在此一并企望高明不吝赐教。

这本《汉字》虽然篇幅不长，但是金欣欣先生和于立滨女士却给力甚大，惠我良多，谨致谢忱。

在《历来研究汉字的简况》里，提到若干关于汉字的资料和学术著作，其中许多种对于一般读者来说其实并不一定合适；有些虽然值得研读，但因出版的时间距今已久，恐怕难于买到。看罢此书之后，如果还想对汉字获得更深广的学识，我认为北京大学裘锡圭教授撰写的《文字学概要》（商务印书馆出版）是一本大可细读的好书。因为书好，已经多次重印，大概是容易买得到的。